文化引领下的幼儿园管理探索

高玉霞 著

吉林科学技术出版社

图书在版编目（CIP）数据

文化引领下的幼儿园管理探索 / 高玉霞著. -- 长春：吉林科学技术出版社，2021.5
ISBN 978-7-5578-8170-2

Ⅰ. ①文… Ⅱ. ①高… Ⅲ. ①幼儿园－管理 Ⅳ. ①G617

中国版本图书馆CIP数据核字(2021)第106667号

文化引领下的幼儿园管理探索

著	高玉霞
出 版 人	宛 霞
责任编辑	张延明
封面设计	青岛金石文化科技有限公司
制 版	青岛金石文化科技有限公司
幅面尺寸	170mm×240mm
开 本	16
印 张	12.25
字 数	220 千字
印 数	1-1500册
版 次	2021年5月第1版
印 次	2022年5月第2次印刷

出 版	吉林科学技术出版社
发 行	吉林科学技术出版社
地 址	长春市净月区福祉大路5788号
邮 编	130118
发行部电话/传真	0431-81629529 81629530 81629531
	81629532 81629533 81629534
储运部电话	0431-86059116
编辑部电话	0431-81629518
印 刷	保定市铭泰达印刷有限公司

书 号	ISBN 978-7-5578-8170-2
定 价	56.00元

版权所有 翻印必究 举报电话：0431-81629508

目 录

前言/1

第一章 文化引领初识幸福教育理念/1

引言/1

一、幸福教育理念的内涵/2

二、幸福教育的着眼点/4

三、幸福教育的基本要素/5

第二章 如何实现幸福教育/11

引言/11

一、幸福教育 从理念认同开始/12

二、幸福环境是基础/13

三、打造幸福教师团队/17

四、幸福教师是关键/21

五、幸福学生是目的/28

第三章 幸福教育理念管理经验/35

引言/35

一、什么是幼儿园管理/36

二、幼儿园班级管理方法/58

三、幼儿园管理实践策略/75

第四章 文化引领幼儿全面发展/79

引言/79

一、幼儿全面发展教育的含义/80

二、幼儿全面发展教育的意义/82

三、幼儿体育培养/86

四、幼儿智育培养/96

五、幼儿德育培养/102

六、幼儿美育培养/118

第五章 文化引领新形势农村教育管理/130

引言/130

一、加强农村幼儿园管理的重要性/131

二、文化推动农村学前教育更高水平发展/132

三、创新优化园本教研方式，促进农村幼师的专业化成长/137

四、树立现代管理理念，密切家园联系/142

五、利用农村自然材料　丰富幼儿活动/145

六、农村幼儿园后勤管理/153

第六章　家园合作成就幸福童年/157

引言/157

一、家园合力，成就幸福童年/161

二、开门办园　促进家园合作/163

三、利用接送时间，增进沟通/171

四、发挥家长资源优势，形成改革合力/174

五、加强家园合作　搞好幼小衔接/179

参考文献/185

前 言

在学前教育的数十年工作经验中，坚持"幸福育人、育幸福人"的幸福教育理念。从事学前教育25年，其中有14年农村幼儿园管理经验，3年区局行政管理、8年城区幼儿园管理经历，从一名一线幼儿教师成长为幼教辅导员、幼儿园园长，以"让童年的脚步留下深刻的印记"为信念，以办好老百姓家门口的幼儿园为目标，始终坚持"用爱心培植爱心，用人格塑造人格"的育人策略，用心点亮幸福童年，让孩子在丰富的幼儿园生活中，经历幸福的童年。高质量的办园水平赢得了家长、社会的高度赞誉。

确立了"在传承中创新"的办园思路及"幸福教育"办园理念，围绕"立德树人"，通过文化引领、科学管理、队伍重塑、深研课程，为幼儿精心创设了"小而活"的空间，让每个角落都有学习发生，把面积不大的幼儿园打造成了一个可以从室内玩到室外的大玩具。丰富的主题活动、传统文化、研学旅行、劳动实践，让孩子们拥有了厚实的文化素养、世界眼光。

人民教育家陶行知先生在论述教育的本质时说，"千教万教教人求真，千学万学学做真人。""教真"，就是教育幼儿学真知，做真人。育爱，即培养幼儿的积极情感。情绪心理学告诉我们，幼儿的情感发展优先于认知，在3-6岁之间,幼儿的道德感、理智感、审美感迅速发展起来。因此,美国知名学者金伯莉·布莱恩倡导在幼儿教育中实施"情感引导式教育",强化幼儿的积极情绪体验,提高孩子的幸福感。从教育的本质和儿童心理发展规律出发,我们认为,教育就是教真育爱,编织幸福童年。

办好一所幼儿园首先要对幼儿园有一个正确的认识和定位。幼儿园是幼儿的生活场所。幼儿在幼儿园的生活经历和经验决定着他们童年生活的质量,影响幼儿未来的发展。我们办幼儿园就是在创造幼儿的生活,创造幼儿的童年和未来的发展。因此,办幼儿园首先要解决两个根本问题,一是"我们要办什么样的幼儿园";二是"我们怎样来办幼儿园"。第一个问题关系办园的方向,反映办园者的教育价值观;第二个问题关系办园的方法,反映办园者管理理念和专业能力。可见,办园思想不仅仅是管理思想,更重要的是要为幼儿营造一种怎样的生活和教育。我们在办园的实践当中,一直秉承着幸福教育的幼儿学前教育理念,带着这个思路解决幼儿园的管理问题。

办什么样的幼儿园和园所的有效管理直接相关,为幼儿营造生活和教育的环境更加和园所的有效管理直接相关。幼儿园长作为幼儿园管理的核心,拥有好的园长就是好的幼儿园,每一个园长在办园过程中的风格与特质都是不同的。只有正确认识自己,才能客观准确的认识她人和周围环境,并且才能确立适宜的管理思路与目标,才能锲而不舍得朝着既定目标努力。在管理过程中通过对一个个棘手问题的解决,使我日益坚定了信念:要想办好一所幼儿园,"爱和发展"是关键要素,要坚持"幸福教育理念",坚信环境育人,文化育人!以正确的舆论引导人,以良好的园风塑造人!也就是说,要在管理的最高层次——文化管理方面下功夫,以文化来凝聚人心,以凝聚人心来提高效率,将有效管理的基本要素融入到幼儿园文化之中,以幼儿园共同的价值观来引领全体干部向着有效管理的目标去努力,引领全体教职工向着有效工作、快乐工作的目标去努力。针对幼儿园发展的特点及现状，致力于延续幼儿园传统，建设特有的"以爱促发展"的幼儿园文化。以文化为核心，挖掘幼儿园特色，创建幼儿园品牌。在前期大量的学习、分析与思考中，我把文化诠释为管理文化、教师文化、教研文化和课程文化四个方面，拎出了办一所幼儿园最重要的四种元素，也是管理最需要重视的四种元素，确立了管理的一条主线，即，以幼儿园文化建设来引领和带动整个园所的发展，实现有效管理、快乐工作的目标。如何使幼儿园文化渗透在每一个人心中，真正形成"以爱促发展"文化的育人环境。

第一章 文化引领初识幸福教育理念

引言

　　教育的最终目的是培养幸福的人，是让孩子拥有幸福的能力。如果老师不幸福，怎么能培养幸福的幼儿，而让孩子享受幸福教育是教师的使命。因此，我们确定以"幸福教育"为办园理念，含有几层意思：第一，教育本身就是传递幸福、创造幸福的事业；第二，在孩子幼小的心灵上种下一颗幸福的种子，为孩子的终生幸福奠基；第三，教师在教育的过程中感受工作成就感、价值感带来的幸福感；第四，家长在陪伴孩子成长的过程中树立正确的教育观、幸福观。打造幸福课程，成就幸福团队，培养幸福儿童，引领幸福家庭。

　　幸福是一种感受，创造幸福是一种能力。哲学家们普遍认为：人生最高的目的是幸福。费尔巴哈在《幸福论》中提出："一切有生命和爱的动物，最根本和最原始的活动就是对幸福的追求。"教育家苏霍姆林斯基认为："学校的任务不仅在于教授学生从事劳动及合乎要求的社会活动所需要的知识，而且在于给每个人以精神生活的幸福。"因此，实施幸福教育，就是通过幸福课程，让幼儿、教师、家庭拥有幸福的能力。

　　幼儿园以"幸福育人，育幸福人"为办园理念，坚持"用爱心培植爱心，用人格塑造人格"，尊重教育规律和幼儿成长规律，坚持"凡是孩子自己能做的，放手让孩子去做"，让孩子们在充分感知和体验中，经历丰富的童年幸福育人：传递幸福、创造幸福，在教育的过程中感受工作成就感、价值感。同事间相互接纳、包容、关爱、尊重、支持。

育幸福人：在孩子幼小的心灵上种下一颗幸福的种子，会感受幸福、创造幸福，并经历丰富的童年。养成健康、自信、自主、快乐、合作、规则意识强、能坚持、愿意尝试等优良品质。

一、幸福教育理念的内涵

德国著名文学家赫尔曼·黑塞曾经写过这样的诗句："人生的义务，并无其他。仅有的义务就是幸福，我们都是为幸福而来。"教育，是教会每个个体追求幸福的事业。我们真正需要建构的是指向"幸福"的教育，而不是指向"成功"的教育。

在从事学前教育的25年中，在一线教学的岗位上，我们并没有把个体的"幸福"作为教育的目标。我们总是把教育的终极目标锁定在"成功"上，一切教育活动都围绕"成功"进行。把"幸福"作为教育的目标和把"成功"作为教育的目标，有着本质的差别。指向"成功"的教育难免急功近利。这种功利的教育表现有三：应"试"的教育，只做"题"；应"时"的教育，多做"秀"；应"景"的教育，常做"假"。真正的幸福教育是不能描写的，它只能体会，体会越深就越难以描写，因为真正的幸福教育不是一些事实的汇集，而是一种状态的持续。幸福的教育不是给别人看的，与别人怎样说无关，重要的是自己心中充满快乐的阳光，也就是说，幸福的教育掌握在自己手中，而不是在别人眼中幸福的教育是一种感觉，这种感觉应该是愉快的，使人心情舒畅，甜蜜快乐的；幸福教育就是以培育人的情感为目的的教育，是培养能够创造幸福、享有幸福的全面发展的人的教育。

教育的最终目的是培养幸福的人，是让孩子拥有幸福的能力。如果老师不幸福，怎么能培养幸福的幼儿，而让孩子享受幸福教育是教师的使命。幸福是一种感受，创造幸福是一种能力。哲学家们普遍认为：人生最高的目的是幸福。费尔巴哈在《幸福论》中提出："一切有生命和爱的动物，最根本和最原始的活动就是对幸福的追求。"教育家苏霍姆林斯基认为："学校的任务不仅在于教授学生从事劳动及合乎要求的社会活动所需要的知识，而且在于给每个人以精神生活的幸福。"因此，实施幸福教育，就是通过幸福课程，让幼儿、教师、家庭拥有幸福的能力。但是在教育实践中，由于缺少对学生幸福的关照，使学生在受教育的过程中，感受到的常常总是痛苦和心灵的扭曲。因此，在学前教育阶段开展幸福教育是十分必要和迫切的。幸福不是教育的唯一目的，但它是核心的目的，教育活动的其他目的要围绕"为了幸福"这一核心目的来安排，其他目的是帮助学生间接实现幸福的手段和工具。幸福作为教育目的的重要意义在于它有助于复兴那种完整意义上的、知识情感交流共在的教育教学活动。

幸福教育不等于愉快教育。人们往往认为幸福教育就是愉快教育。其实它们并不一样。"愉快"是一个心理学的概念，幸福是要跟人性联系起来界定的。人性是人之为人的本性，是生理、心理和伦理的统一。所以，幸福也是生理幸福、心理幸福和伦理幸福的统一。幸福是人性得到肯定时的主观感受。积极面对压力，做幸福的老师。现在的教师比任何时候都不容易，面临的压力相当沉重，繁重的工作量的压力。社会、家庭强烈要求提高教育质量的压力老师之间相互竞争上岗的压力，以及来自家庭和生活中的各种各样的压力等等……正确应对压力能把人的潜力激活，把人压得坚强，压得成熟。确实，教师也是人，不是神，要食人间烟火，也需要生活的快乐与幸福。教师自己都感受不到幸福，又如何去让孩子感受幸福?作为一名幸福的教师一定得顶住压力,决不能对教育失望,只有发自内心的、充满激情的教育才是真正的教育。所以,要让孩子幸福,教师首先要幸福。要营造幸福的校园,让学校成为孩子们理想中的好地方,成为他们天天向往的地方,看到学校就欢呼雀跃,而不是愁眉苦脸,这才是理想中的好学校。如果孩子厌烦了校园,那么,我们的教育还没有开始,就已经失败了。所以为了不让教育输在起跑线上,营造幸福校园十分重要。

教育的幸福依赖于教师的积极创造。使教育充盈着幸福的元素,让学生有幸福可掘、有幸福可造、有幸福可享是我们的目标,到那时我们一定可以收获教育的幸福——学生的幸福。

二、幸福教育的着眼点

教育幸福感是师生双方在课堂教学交往中的一种积极的心理体验,是由双方在认知和情感的双向交往中激发的。其中民主与尊重是教师必备的人格特征,是幸福教育的基础;关注与激励是教师的教学行为特征,是教学有效性的前提;审美与道德是教学方法和氛围的特征,是师生幸福感的直观体验;自由与创造是教育的思维特征,是幸福教育追求的理想状态。

教育是农业,不是工业。然而,今天的农业,却越来越"工业化"了。化肥、农药的过度使用,生产效率的极端追求,带来了很多问题。教育也是这样,加工"过度",添加"过多",功利"过头",所以,我们要呼唤自然的、绿色的、生态的、简约的、适合的、幸福的教育!把幸福当成一个目标来进行培养,我们做精英教育,但更要做平民教育。我们是在做培养"社会人"的工作,为每一个学生打下这样的基础:有理解幸福的思维,有创造幸福的能力,有体验幸福的境界，有奉献幸福的人格，成为和谐社会里的"幸福人"。

　　幸福教育的核心，应当是把教育当做一件幸福的事情来做，"幸福的教，幸福的学"。让教师享受教育的幸福，让学生体验幸福的教育，让每一个孩子在快乐中获得成功和幸福。感悟幸福，理解幸福，珍惜幸福，从而使学生的人生充满幸福，成就一个幸福个人。　教学相长。教师是学生幸福的源泉。助人为乐，成人之美，教人有幸，育人是福。学而不厌，诲人不倦，成就学生，幸福自己，老师和学生的关系永远就象一首歌里唱得那样："你是快乐的，我就是幸福的"。教一辈子书，春种秋收，花开花落，桃李满天下，栋梁在其中，不分高低贵贱，学生个个成人。教师在教育活动中感觉不到幸福，学生在学习中就不会感受到幸福，只有成为一名幸福的教师，善于工作，乐于工作，享受工作，让学生在学习中享受成功的快乐，为学生一生的幸福奠基，幸福着他人的幸福，我们的教育才能真正走向辉煌，达到幸福的彼岸。感悟幸福教育，成就幸福人生。可喜的是幸福指数已进入中国人的生活质量指标当中。从"他为人民谋幸福"到构建社会主义和谐社会，都为我们展现了一幅幸福美好的社会图景。教育工作者必须承担起幸福教育的责任。 教育幸福了，人生肯定幸福。

三、幸福教育的基本要素

　　幸福教育与以前提出的"愉快教育"等不一样。"愉快"是一个心理学的概念，是"人类原始的情绪之一"。幸福要跟人性联系起来界定。人性是人之为人的本性，应该是生理、心理和伦理的统一，所以，幸福应该也是生理幸福、心理幸福和伦理幸福的统一。

　　生理幸福是人性得到肯定时的主观感受。它首先是一种主观感受，所以，不同的人在不同的时空，感受是有差异的。而人性的肯定方式有三种，一是正面的肯定，这也是我们通常对幸福的理解，即人性得到积极发挥和通达满足的时候所产生的快乐之情。二是反面的肯定，在人性遭到否定时，主体便有不安、抱怨、痛苦、忿恨等情感，这可以看作是人在反面地追求人性的肯定，它们反映了人具有肯定自我的渴求并能促进人性的发展。比如面对社会上不正义的现象，人们往往感到非常愤慨，而这种愤慨之情正是从反面对人性做出了肯定，在这种愤慨中，我们的人性得到了证明和升华。

心理幸福是人生美好的主题，是人之追求的终极目的。幸福教育就是通过教育的途径，实现人对幸福的追求并在追求中获得幸福。教育作为培养人的社会活动，对人之幸福的特殊价值就在于为幸福的实现奠定生命基础。教育应把幸福作为对人生命关怀的终极着眼点。

伦理幸福也就是幸福教育，要始终立于人的生命基础之上，使教育的过程真正成为学生幸福生活的过程。孩子的生命不可重复，他们既要创造幸福的未来，也要拥有幸福的当下。幸福的童年不意味着没有困难、压力和挫折，但只有痛苦、压抑和挫败的童年，一定不是幸福的童年。幸福需要感受、体悟，也需要学习。

世界著名的关怀伦理学家、美国斯坦福大学教授——内尔·诺丁斯是当代德育界巨匠。诺丁斯认为，幸福是指一个人的需求得到满足而产生喜悦快乐与稳定的心理状态，她认为我们对幸福的理解不仅是简单的给幸福下定义，而是我们怎样给人们带来幸福以及带来了什么样的幸福。她指出"幸福既有规定性的一面，又有开放性的一面。"规定性层面即古往今来许多学者对"幸福"下的不同的定义，这反映出了先人所处的不同时代对幸福的追求，为当时人们追求幸福提供了理论依据。但随着社会的发展，人民对幸福的理解也在不断的变化，因此这些规定性的幸福不可避免地存在这样或那样的问题。所以诺丁斯认为，应该给"幸福"一个空间，而不是条条框框的限制。开放性层面即幸福会受到很多内部或者外部因素的影响，所以不应该过多地关注"什么是幸福"，而应该把注意力集中在"如何给别人带来幸福"，这对于教育工作者而言，就是不仅仅要关心学生智力的发展，还应该立足开放性的思维，努力促进学生全面发展，幸福快乐地成长。

在内尔·诺丁斯看来，幸福应该来源于三个领域，即私人生活领域、公共生活领域、职业领域的幸福，并且强调私人生活领域对幸福的重要性。私人生活领域的幸福。在私人生活领域，内尔·诺丁斯主要从持家、住所与自然、为人父母、品德与精神、人际关系的发展等几个方面展开描述。快乐与幸福与我们的住所和生活环境息息相关，精神和品格对获取幸福至关重要，人际关系是幸福的主要舞台。公共领域的幸福。人们能从个人关系、个体才能发展以及认知活动中得到大多数的幸福，那么社会对我们的幸福有怎样的贡献呢？社会是由许多个体汇聚而成有由组织有规划或者有纪律的幸福合作的生存关系的群体。人是社会中的人生活在社会群体中，人们总要接受这样或者那样的社会环境的熏陶，社会也会以我们几乎意识不到的方式影响着我们的幸福。工作领域的幸福。工作领域也属于公共生活领域的一部分但是因为人生的三分之二可能都会与自己的工作息息相关。所以在这里就将其单独拿出来。现在学校教育大都强迫孩子学习统一理论课程，这一行为对学生升入大学而言似乎是可以接受的，但是却抹杀了孩子兴趣的发展，对以后所要从事的工作也可能毫无概念。因此，诺丁斯指出，必须将幸福作为教育活动的首要目标，应该为个人生活而热情地进行教育，使孩子们相信，在获得幸福中，对生活目的的期待和丰富私人生活远比只有金钱要重要的多。学校教育应该在尊重学生自由选择的基础上做出适当的引领，使学生能在未来工作的选择上更加理智，从而获得工作领域的幸福。

想要过的幸福是人这一生中常常追求的事情。同样在教育教学活动中，教育者也期望能够将幸福作为教育的目的。将幸福作为教育的目的理由如下，幸福是人类精神追求的必然结果。尽管幸福不是人们生活追求的唯一目的，但它是教育的核心目的。世界著名教育家乌申斯基说：“教”的目的便是水到渠成的必然结果，"育"的目的在于使学生获得幸福。因此，为了人类的美好生活，幸福应该被作为教育的目的，从而更好的促进个人和集体的发展。教育为幸福生活做准备。教育的目的，不是成功，而是幸福。教育质量的衡量标准，不仅仅是分数，更是学生身、心、脑和谐完整的生命。诺丁斯强调，在教育活动中教育工作者应时刻抱以幸福的态度。因为教育者和受教育者之间有着必然的相关性，教育者的一言一行对学生的影响是潜移默化，深远持久的。良好的、幸福的学校教育对学生以及成年后幸福生活都有重要的影响。教育培养追求幸福的良性品质。良性品质即人的良好德行。人的幸福与人怎样存在，以及应该成为什么样的人联系在一起。因为怎样做人与怎样生活是一体的，想做什么样的人就会过什么样的生活。谋求人生就是谋求幸福，谋求幸福就是做好人好人即拥有良好的品质。教育要促进人的幸福，就必须对受教育者进行德行教育，从而提升和发展健全的精神品质和人格。因此，在教育过程中，不管是私人领域还是公共领域的教育都必须将其与人的完整品质发展联系起来，唯有如此，才能促进人的幸福，完善人格发展需要。

教育的最终目的是为了实现幸福，在这一实现过程中教育者发挥着极其重要的作用。诺丁斯幸福教育理念对今天教育的启示，教会学生持家教育。家是情感的栖息地，是每个人赖以生存和发展的基础，是决定个人成长的重要因素，是幸福的根本来源。学校教育应该重视对学生关于家庭生活的引导和教育。加强学生日常生活教育。教育不仅仅是课本上理论知识的学习，更多的是学生通过参与日常生活的获取直接经验。生活教育即用生活来教育，从生活与教育的关系上来讲，生活决定教育。我国著名的教育家陶行知先生曾说过："教育要通过生活才能发出力量而成为真正的教育。"学生日常生活教育的实践即全面关注学生在校内校外日常生活的内容，积极引导学生在私人生活和公共生活中理智地使用智力和能力，增强对日常生活的归属感，这将大大有利于充实精神生活，获得幸福。培养学生良好美德。美德即高尚的品德。一个人的成功和幸福，离不开他人和社会的帮助。生活在社会这个大圈子中"德"的缺失必然不会带来幸福。因此，美德是获取幸福的重要的条件，幸福的人应该是具有良好美德的人。所以在学校教育过程中教育者应该将美德教育纳入基本的教育体系中，帮助学生获得幸福。在这一教育过程中，教育者应该以关怀伦理为基础，即通过榜样、对话、实践和认可等形式，培养道德情感，使学生成为全面发展的人。这种有意识的美德培养，有益于学生在学习过程中自觉地提高自己的德行，并养成诚实、守信、谦虚、勇敢和善良的行为，从而得到他人和社会的认可，提高自己的幸福感。注重师生关系和谐。良好的师生关系对教育者和受教育者而言都是幸福的。关心是一切教育成功的基石，因此要特别强调创建与维系教师与学生关心的关系，要在师生中建立一种相互尊重，平等友爱，充满宽容和关怀的关系。师生关系是除家庭关系之外最亲密的一种关系，在这一关系的建立过程中，教师发挥着重要的作用。首先，教师要热爱学生。热爱学生是教师特有的一种职业情感，是师生和谐的关系发展的基础，也是教师应该具备的基本职业道德。其次，教师要平等地对待学生。为实现幸福教育的目的，教师要发挥主导作用，就必须调动所有学生的积极性，使学生积极主动学习尊重学生人格。尊重首先建立在平等的基础之上，没有平等也就没有尊重。最后，教师要严格要求学生。教师对学生的爱，要与"严"结合在一起，要严的合理，严的恰当，不迁就学生，不放任学生，不溺爱学生。

教师要采取适当的方法，适度的要求教育学生，才能收到良好的效果。内尔•诺丁斯的幸福教育观以关怀伦理为基础，对教育领域存在的问题进行了一系列拷问，为教育过程中师生增进幸福感，探索新的教育路径指明方向。

学前教育应该开设幸福课程，它是生命教育的一个部分。没有教师的幸福和快乐，就不可能有学生的幸福和快乐。叶澜老师说："教师是一种使人类和自己都会变得更加美好的职业。教师以其创造性的劳动去实现自己的生命价值，并在创造性的劳动中，享受因过程本身而带来的自身生命力焕发的欢乐。"我们要帮助那些处于职业迷惘与倦怠中的老师，找回教育的幸福与快乐！教育，是教会每个个体追求幸福的事业！

在教育事业蓬勃发展的今天，"与学生共同成长"已经成为时代赋予教师的一种责任和使命。因为直接面对生动活泼、日新月异的孩子，我们承担着更多的教育职责和教育任务，所以，"成长"对于教师而言尤为重要。它更多地体现在生命和生活阅历的丰富、教育和教学素养的改善、育人智慧和能力的提高。真切体验、品味生命质量的提升，无疑是一种发自内心的快乐与幸福。

综上所述，教育的终极目标是"幸福"。如果教师有职业幸福感，能建立和谐的师生关系，在教学内容上能挖掘人文精神，崇尚理性，培养学生的公民意识，教师就可以在教学过程中构建"幸福的教育"，实现教与学双重幸福。

第二章　如何实现幸福教育

引言

　　实施幸福教育，就是通过幸福课程，让幼儿、教师、家庭拥有幸福的能力。幼儿园以"幸福育人，育幸福人"为办园理念，坚持"用爱心培植爱心，用人格塑造人格"，尊重教育规律和幼儿成长规律，坚持"凡是孩子自己能做的，放手让孩子去做"，让孩子们在充分感知和体验中，经历丰富的童年。

　　幸福育人：传递幸福、创造幸福，在教育的过程中感受工作成就感、价值感。同事间相互接纳、包容、关爱、尊重、支持。

　　育幸福人：在孩子幼小的心灵上种下一颗幸福的种子，会感受幸福、创造幸福，并经历丰富的童年。养成健康、自信、自主、快乐、合作、规则意识强、能坚持、愿意尝试等优良品质。

　　实施途径：传承与创新。以"教真育爱，编织幸福童年"为价值取向，充分挖掘幼儿园近七十年的发展历程中所积淀的优良传统以及课程和教育活动中的积极情感，丰富"养成教育"课程内涵，在传承的基础上开发升级《幸福教育》课程，逐渐完善教育体系。

　　培养目标：

　　健康快乐——幸福的物质基础

　　自信大方——幸福的心理能量

自主自立——幸福的个性追求

专注创新——幸福的学习品质

诚实友爱——幸福的行为根基

幸福课程：《幸福教育》

一、幸福教育 从理念认同开始

幸福有三个层次。第一个层次叫做"满足感"，即所谓物质上的需求。第二个层次叫做"幸福感"。这个层次，完全是精神层面的，是一种心灵体验。我们的教育是要使施教者和受教者都感受到幸福。第三个层次是"利他"，一个幸福的集体，不但能够使人感受到愉悦，还能够使其乐于为这个集体奉献，使更多的人感受到幸福。

教育的根本目的是培养学生愉快、幸福的能力，教育既追求未来的幸福，也关注现在的幸福。学生的幸福要以幸福校园、幸福教师、幸福课堂为前提。为此我们提出了"幸福教育"，提出了"让教师快乐工作，美丽生活；让学生快乐学习，健康成长"作为管理理念；并践行了"幸福环境"、"幸福团队"、"幸福教师"、"幸福学生，"打响了"幸福教育"的品牌。

文化认同是一种群体文化认同的感觉，是一种个体被群体的文化影响的感觉。而学前教育幸福主题文化的提出，对幸福认同是学校文化的核心价值观，引领认同过程，实际上就是将幸福文化进行思想碰撞、形成共识的过程。通过文化认同来形成全体的共识，是实施幸福教育的前提。

（一）幸福——教育永恒的追求

利用深入浅出的理解和讨论，让全体幼师了解什么是幸福，为什么要讲幸福教育，怎样实践幸福教育；并提出幸福教育的实施路径：幸福校园的建设、幸福教师的培养、幸福学生的成长、幸福工作的体验给教师以深刻的启示，得到他们的认同和赞赏。

（二）认同"幸福"的可能性和必要性

从"幸福的含义"、"幸福的过程"、"幸福的修炼"三个角度，跟教师们分享幸福：作为教师，能做的就是唤醒学生心中幸福的力量，给学生能量。幸福不是一个可以言说的命题，而是一个过程，"幸福是一条路"，而所有教师的职责就是为学生指引幸福的道路，学习幸福，走近幸福，传递幸福。

（三）教师的幸福人生与专业成长

每位教师利用假期，认真阅读《教师的幸福人生与专业成长》，开展互动式交流学习，做好读书笔记，撰写读后感，制订个人专业成长规划。老师们可以互相借阅大家的幸福文章，可以从中摘录出精彩的幸福感言，通过一起分享产生共鸣。

二、幸福环境是基础

优美的环境可以陶冶人，激励人，愉悦人，和谐是我们的目的，精致是我们的追求。按照"整体规划、分步实施"的原则，我们打造"温馨、精致、舒适、优美"的育人环境，为实现"和谐校园，品质丁兰"的发展愿景作充足的物质基础。在办学目标中，把环境美列为幸福教育的第一要素，幼儿园的每一寸土地，每一面墙壁，每一项细小的设计都尽可能给人以艺术美的感染。通过科学规划，加大投入，实现校园精致化。让师生时时都能身处在幸福的文化氛围中，形成愉悦的心境；并感受到健康向上、奋发进取的力量，点燃起幸福追求的火花。

办幼儿园就是办文化，做教育就是以文化育人。文化管理是幼儿园管理的最高层次，它的核心指向在于文化建设。文化是幼儿园赖以生存和发展的根基和血脉，是幼儿园的精髓和灵魂以及主要的价值。教育的尊严在于品质，教育的幸福在于文化。幼儿园的教育，需用属于自己的文化去发芽、开花、结果。教育做到极致是本然，个性认识优化是特色！

（一）以美怡情，培育"崇尚美好，展现幸福""特色的环境文化

学习环境是办学的物质基础，是重要的教育资源，环境文化是幸福教育的外显。构建"以美怡情的环境文化"就是让孩子们受到美的感染、美的熏陶，从而起到潜移默化、润物无声的教育作用。

1.幼儿园从建筑的造型、标语的选择，到园内的绿化美化等，都精心规划，全方位多角度地体现了幼儿园的审美理念和教育理念，使园内自然景观和人文景观融于一体、充分体现环境文化的园林特色和文化气息。园内教学楼每个楼层都有与"崇尚美好，感受幸福"主题相结合的特色文化与人文景观。利用好楼梯和楼内墙壁，楼梯两侧可以突出尚美智慧课堂，教师课改理念、课堂精彩呈现、优秀师生展示等，也可以突出雅美明德主题，以五大行为习惯教育内容为主，切合师生生活实际。在教学楼内文化建设中，充分体现"感恩孝德"的精神展现不同的幸福相关主题的文化宣传海报，尽可能多利用图片展示宣传便于吸引孩子们的注意，方便幼儿理解幸福的内容。

2.班级文化建设作为园内文化建设的重点，力求做到让"四壁说话"，让"每一堵墙"成为"无声的导师"。在师生的共同努力下，各班的设计既美观大方，又体现育人功能，通过开展"美的教室"评比活动，使之成为学生的"温馨之家"。丰富校园文化内涵，充分发挥环境育人作用，我们在走廊上设置一幅幅故事画面，室内老师们匠心设计，精心布置，从孩子的年龄出发，做到生活化、情趣化、艺术化，墙面上的布置更是丰富多彩，墙面上的每一幅图，都体现了美化、儿童化、教育化，使幼儿在日常生活中得到知识的熏陶。

在教室外前墙，展示幼儿的手工和绘画作品。如手指画、毛线画、树叶画、贴布画等。使幼儿在观赏，认知的过程中，学会做事，学会共处，懂得粮食来之不易，应当爱惜。安全标志展示使幼儿了解了常见安全标志常识，营造了安全氛围，增强了生的安全意识。每班都放置了幼儿玩具橱，摆放了不同类型玩具，幼儿可以随时取放。

（二）关注幼儿园文化建设 提升教学软实力

如果说硬件文化建设是园内文化建设之形的话，那么软件文化建设则是幼儿园文化建设之神。只有形神兼备，才能真正达到"环境育人、文化育人"的理想境界。启动"听名曲、读名著、背名诗"的"三项活动"：利用园内广播，精选了百余首古今中外经典名曲在中午、放学时轮流播放，使校园处处回响优美悦耳的音乐声；教师、幼儿读名著，共欣赏，谈心得；"每周一诗"，朗朗诗声，响遍校园。开展"微笑进园"系列主题活动。微笑是最美的名片！在全体教师中开展"微笑服务学生，爱心充满校园"活动；在幼儿中开展"微笑面对生活，快乐传递家庭"活动。用微笑温暖班级，形成和谐的师生关系、生生关系，在校园内营造温馨、和谐氛围。持之以恒地开展送温暖活动，开展丰富多彩的文体活动，如才艺展示、趣味运动比赛等，把关心落到实处，营造和谐健康的氛围。在环境文化建设中，幼儿园应本着"还与古朴、更兼文雅"的思想，使得呈现在师生面前的校园景观无不传承着历史、渗透着文化。这一切都悄无声息地影响着幼儿审美的感受，陶冶着美的情操，孕育着美的心灵。

传统文化教育即民族传统文化，就是指特定民族在历史实践活动中创造和积淀的文明成果，是民族共同体生存和发展的重要条件，它是一个宏大的整体，包括知识、信仰、艺术、道德、法规、习俗乃至各种习惯。它既是既往的民族情感和民族意识的积淀，又是民族的时代精神和价值取向的凝结。通过传统文化教育，激发幼儿对祖国的热爱情感，增强幼儿体质，使幼儿动作更协调，更灵活，更准确，发展幼儿智力，有助于提高大脑神经系统的工作效率，为智力开发提供了先决条件，同时更使幼儿的个性得到了发展，增加对自己的信心，有助于幼儿变得更加积极、主动和独立，培养了幼儿良好的个性。为以后从事各项活动打下良好的基础。

艺术类文化包括神话、寓言、歌谣等文学艺术，京剧、民歌、秧歌舞等音乐舞蹈艺术；也包括当前适合幼儿年龄特征的电视节目，如影视剧《西游记》、动画片《小哪吒》等。我们结合幼儿年龄实际，开展了编制、布艺、纸工、等活动，丰富了幼儿的文化生活。节日类文化包括我国的传统节日，如：端午节、重阳节和重大的国际性节日，如六一国际儿童节等。通过活动的开展，激发幼儿爱国、爱家、友爱的情感，培养幼儿喜欢传统文化的意识，感受中华民族文化的博大。

寓民族文化教育于社区活动中，大自然是一本活的书，社会是一个大课堂。努力挖掘利用周围环境中有利的教育资源，充实教育内容，拓宽教育途径。可以组织幼儿观看地方戏录像，带幼儿在学校操场观察花草树木、蔬菜等植物，让幼儿用耳朵、眼睛等感官感受大自然，受到良好的熏陶。

优美的幼儿园环境有着春风化雨、润物无声的作用。如诗如画的园内风光、科学美观的教室布置、文明健康的教育设施……都可以给幼儿带来巨大的精神力量。幼儿园要以文化建设为突破口，强化外显文化的视觉冲击力和感召力，使幼儿经常受到美的熏陶，形成良好的育人环境。文化气氛浓郁的育人环境建设就是要让幼儿园由地上到墙上，每一寸地方都会说话，最大限度地利用园内的空间，

"让园内的每一面墙壁都会说话"。大到幼儿园周边环境、园内建筑、教学设施，小到每一间教室、每一张课桌、每一间宿舍、每一个铺位，都可以让它们成为幼儿园文化的承载者。完善的设施、合理的布局、各具特色的建筑和场所，能使人心旷神怡、赏心悦目，有助于陶冶师生的情操，能塑造幼儿的美好心灵，激发教师的开拓进取精神，促进校园人的身心健康发展。

三、打造幸福教师团队

国外研究表明：一所学校成功不在于教育专家的数量，而在于能够进行团队协作的专家人数。引申到教育工作中，"团队意识"成为教师幸福成长的必要条件。在"幸福教育"的具体实践中，应该以"幸福"作为关键词来引领教育教学工作，让教师经历幸福的体验。我们以群体创优为抓手，建设一支和谐融洽的教师团队：出台不同班组群体创优的方案，将团队合作创优的方式渗透到工作的方方面面，形成"合作共赢、成果共享、携手共进"的良好局面。在幼儿园的发展中，老师们感受到了团队的力量，尝到了互助的甜头，体验到了成功的快乐，从而全面提升学校办学品质和教学质量。

打造幼儿园幸福教师团队——为了幸福的教育。从朴实的养成教育到与时俱进的幸福教育，让学前教育蓄积了丰厚的教育文化底蕴。回顾多年来的教育之旅，文幼人始终将"文化凝聚团队，内涵引领发展"作为办园主旨，确保个性发展，品位发展。在开放、人文、睿智的品质办园发展之路上，镌刻在文幼团队记忆深处的标志性印记无比清晰。

合格的幸福教师团队应该确立的"专业、灵动、激情"的团队形象，"互相滋养 共同成长"的团队文化"，和谐 共美"的团队发展目标，全面展现了文幼团队的魅力与精彩。同时，团队应该将最初的惊喜逐渐化为理智的思考，将那无数的小确幸蕴积成满满的正能量，赋予团队建设新的内涵。

（一）幸福是什么

灰姑娘说："幸福是和心爱的王子一起跳舞。"

睡美人说："幸福是在沉睡时得到甜蜜的一吻……"

童话中，每个人的幸福都不一样。生活中，大家更是各有各的幸福感悟。那么幼儿园老师的幸福是什么呢？"文幼团队有着自己的理解和诠释。

1. 幸福是创造

青年教师说："有激情,创青春"。坚持传承扶持新人、奖励后进的传统，不仅将找伙伴、找导师、找亮点作为青年教师成长的常态思路，更以"有激情,创青春"来闪耀所有青年教师的光彩:关乎团队荣誉、关乎专业成长、关乎职业规划、关乎个性特长……

汇合青年教师所有在意点，尊重他们敢想敢干、富有梦想的特质，以"分层研修"引领青年教师创造出不同的青春味道。努力成为对青年教师极具吸引力的家园。用包容、接纳的情怀让每一位新进教师都被团队快速接纳，有归属感!用开放、大气的胸怀，无私的把所有呈现在青年教师面前，供其选取，去留不拘!提供多元、开阔的平台:以团队的合力为青年教师量身定制发展规划，支持他们在各种活动、竞赛中、常态工作中历练成长，有目标的成就最好的自己。

2. 幸福是坚守

当我们因青春灼热的光华而澎湃时，又怎能不被坚守教育的老教师感动。我们不乏有老教师坚守岗位到退休的最后一天;有一批奔五的班主任老师悉心带教;正是这些资深教师在学前教育界的默默耕耘和坚守，引领着我们坚定地走向幸福教育的大道。她们用日日年年的坚持,将平凡细碎的小事做成了孩子们的乐心事,家长的放心事。

我们记住了她们的热情、她们的坚持、她们的责任心……

我们把她们的教育之美镌刻于心。

我们更把赞美、欣赏、传承回馈于他们,让认同感、成就感自然融为她们职业中永不褪色的部分。

于是,我们有了不忘初心、坚持前行的不老容颜!

3. 幸福是包融

古语有云:"善启迪人心者,当因其所明而渐及之。"教师团队的建设,需要从其最优秀点肯定,从最在意处关怀,给予尊重和支持,以真情、尽全力去融合、汇聚每一位教师身上的"亮点",凝成教育温暖的光芒,照耀孩子的成长,这是孩子们的幸福所在也,是幼师团队的魅力所在。所以,在团队建设上应该努力做到:

关心教师情绪情感,让教师团队体会到有爱是温暖。

关注教师专业成长,让教师团队感受到有力是支持。

关爱教师工作生活,让教师团队领悟到有为是成就。

于是,这个有态度、有温度、有未来的幼师团队,就有了特别的感染力:

她凝聚着不同年龄、不同个性的教师,坚守幸福的初衷,创造幸福,享受幸福!

(二)幸福有什么

诗从何处寻?

在细雨下,点碎落花声,

在微风里,飘来落水音,

在蓝空天末,摇摇欲坠的弧里!

宗白华老先生的小诗《美从何处寻》点明:美在生活中于细微处!从而引发我们的联想:幸福有什么,让身处其中的教育人甘之如饴,笑靥如花!聆听幸福，会发现，"有爱、有力、有为"三个团队核心素养词已于不觉中赋予了幸福团队新的情趣、诗意和美！

幸福有爱

有爱是温暖——温暖同伴心

在幸福的幼师团队中，每个人都是他人"想得起，找得到，靠得住"的好伙伴。他们平等互助、彼此支持、共同成长！

想得起：各自有什么优点、长处、教育资源，伙伴间清楚明晰！

找得到：只要同伴有需要，伙伴们总在身边，一呼即应，绝不推诿。

靠得住：答应了同伴就认真干，不矫情，不娇气，在成就伙伴的同时历练自己，共同行稳至远。

发挥团队合力，有力量坚守内心教育的方向。

幸福有力

有力是力量——支撑你和我。

在教师们看来，无用就是有用。于是，她们从人生的所感、所悟、所得、所想中汲取力量，将其一一化为对生活、对工作的热爱，在学习、丰厚中努力成长为最好的自己。

汇聚个体力量，成为彼此间最有力量的支持，共同成长，让"互相滋养"成就彼此！

明晰教师"最近发展区"，实现小目标！

幸福有为

有为是成就——彰显美誉度

微笑着想想，好像每个人都把最快乐的时光留在了幼儿园里！于是，幸福之美就有了最终的意义和价值！

以幸福奠基的幼儿园文化建设就是要构建一个让老师们都能实现生命价值的平台。幼儿园教育以教师为本，就要把教师作为幼儿园的主体和根本，搭建民主平台，营造民主、平等、和谐的管理氛围，让教师参与幼儿园的管理，让教师感到"家"的温暖，不以行政命令压抑教师的个性，让教师的精神和人格得到自由的舒展。尊重教师的个性特点和主观愿望，合理配置，科学开发教师人力资源，激活教师能力因子。一方面，幼儿园应当成为教师不断发展的场所，因为教师的不断发展才是幼儿园可持续发展的不竭资源。幼儿园应采取一切可能的措施，在教育教学过程中，让教师在贡献光和热的同时不断发展自己，同时要关注教师生存现状，关心教师身心健康。另一方面，幼儿园要致力于优秀教师群体的培养，鼓励教师做充满魅力的教师、滋长智慧的教师、不断发展自己，激励老带新的帮带模式，使园内教师资源能持续流转，成熟教师的经验快速传递给新教师，在幼儿的教学中能快速运用，教师的幸福感和成就感增强，幼儿可以更明显地来自教师的关爱和照顾，感知幸福。

四、幸福教师是关键

幸福教育，打造一支高素质的教师队伍是关键。而教师幸福的前提是教学业务要精湛。作为幼儿园，就要在提高教师个人业务能力上下功夫，实现教师专业化，提高教师的教学和科研水平。教师幸福感是我们的重要追求。要坚持以人为本，变管理为服务，给予教师温情关怀，尊重教师，信任教师。要促进教师专业发展，让专业发展成为教师职业幸福的重要源泉，强化园本培训，不断拓展培训领域。要不断优化教学管理，减轻过重工作负担，开拓教师自主创新空间。营造和谐家园关系，倡导家园相互理解、尊重和支持。

（一）"为教师搭建幸福发展的平台"，促进教师的专业成长

让教师在新课程中得到发展，促进教师的专业成长，是我们教师队伍发展的目标。我们以"创名师"为教师努力发展方向，整体拉动教师素质的提升，为教师的专业成长提供空间，搭建平台。在教师评价上，我们遵循定性与定量相结合、过程性评价与终结性评价相结合的原则，采取学生、教师、领导和家长共同参与、以"自评"方式为主的多元评价方式，为教师建立成长记录袋，记录教师成长的历程，感受成长的快乐和幸福，有效地激发广大教师的教学工作积极性和创造性，促进教师的全面发展。

让学校成为师生幸福成长的乐园"，彰显学校个性：

坚持一切为幼儿发展，一切为教师发展，把幼儿园建成特色化校园。其中心意义就是聚精会神抓育人，一心一意谋发展。为教师谋发展，搭平台，谋幸福，提供一切可以提供的条件，创造优越的人际环境。让幼儿园成为幼儿发展、教师成长的乐园和师生精神向往的家园。

教师发展目标：

（1）内在实现：对教材的创造性理解和个性化表达；教学相长，师生互动；教师处理好个性自我与角色自我的关系。在这个过程中让教师感觉到自我价值，让教师体会到付出后有所收获。引导教师研究儿童，促进专业发展，看得到自己的成长。

（2）外在实现：在平和之心、感恩之心、知足之心基础上体验精神愉悦、心灵充实。

（二）发展特色教研，成就幸福优秀的教师

只有幸福的教师才能培养、造就幸福的学生，只有快乐的教师才能让学生快

乐、健康，只有追求自我发展的教师才能引领学生创造精彩的未来。

1. 提升科学教研水平，提高教学质量

我们全体教师齐心协力、开拓进取，使我们的教育科研工作在不断的实践创新中前进，并取得了优异的成绩，形成自己的科研特色。靠科研上水平，抓常规保质量，依靠教科研推动素质教育的大力发展。宏观上体现的管理目标是："德、智、体、美、劳"全面发展，微观上体现的管理目标是对计划、备课、教学、批改、辅导、复习、考试、成绩评定严格要求，严格管理，努力提高课堂教学效率，建立教学上的最佳工作点。常规教学抓实、抓新，通过开展丰富多彩的教学研究活动，为教师实践搭建平台，成就了一大批骨干教师。让教师获得幸福感受。

2. 提升教师自我认同感、职业自豪感

不同的幸福感和幸福观都取决于不同人的生活态度、生活价值观和心境心态。就像现在有许多人在羡慕教师职业的纯洁稳定，而许多教师反而羡慕墙外的丰富多彩，对自己年复一年的工作倍感枯燥、痛苦，甚至可怕到什么感觉都没有了，麻木了。其实各行各业都有自己的辛苦和艰难，也都有自己的长处，得与失，利与弊总是相辅相成的。教师的工作与其他人的工作相比，不知要丰富多彩多少，关键是在追求职业幸福感之前是否端正了自己的职业观，有没有看到教师工作的优越性并为能当上教师而幸福着。

教师这个工作，在我看来应该是一个大多数人羡慕的职业，我自己也一直认为，做教师对我来说是一个非常正确的选择。首先，作为教师，虽然我们上班的时候忙一点，累一点，操心一点，但我们每年有寒、暑假，周末、节假日都可以照常休息，还可以拿全额的工资，自己的孩子也不愁放假没有人带。要想当一个好老师，当一个好班主任，对我们的个人素质、能力、教育技巧都有很高的要求。在教育学生的过程，我们自身的素质和修养也在不断的提高。如果我们喜欢自己从事的职业，我们就可以在这里收获快乐，付出也就成了享受。

引导广大教师深刻认识教师职业的价值和责任，体会教师职业的神圣和幸福，以感恩、包容、进取、奉献之心对待生活和工作，努力造就一支富于理想、爱岗敬业、为人师表、与时俱进、乐教爱生、德能双馨的教师队伍。

3. 提升教师业务素养

要做一个幸福或实现幸福的教师，教师应当具有幸福的能力。要提高幸福的能力要提高自己的专业素养。教师不仅是教育者，而且是学习者、研究者。教师这种职业最需要与时俱进。有人说："要当一流的教师，就要先当一流的学生。"教师在教书育人的同时，要认真学习。不断提升自己的专业素养，不断吸纳和更新自己的教育理念，建立和完善自己的教育哲学。教师要转变教学成果意识，它不仅应该有我们教给学生的知识、还应该有方法、能力、意识，更应该有教师自己做人和做学问的正确态度。

组织教职工深入学习《教师法》、《教师专业标准》和国家、省、市中长期教育改革和发展规划纲要、行动计划等教育法规、教育政策，提高思想认识，更新教育观念。加强教育教学理论的学习，提升教师职业道德素养和专业化水平。以"泰安市中小学教师素养达标工程"为抓手，大力开展教育教学研究、教学技能训练和教学比武活动，锤炼教师能力，提升教育智慧。

4. 规范教师从教行为

加强思想道德建设、职业道德建设，经常性开展师德论坛，使教师进一步明确工作职责，进一步加深对师德的理解。要求教师做到四个"不得"：不得搞第二职业；不得歧视侮辱幼儿、体罚和变相体罚幼儿；不得向幼儿推销教辅资料和其它商品；不得索要或接受幼儿、家长财物。健全科学规范的师德考核奖惩制度，进一步规范教师从教行为。开展各类先进评选表彰活动，让教师享受职业成就感。

（三）学会享受教育中的幸福，感受爱的幸福

要学会享受教育中的幸福。教师如果能以享受的态度从教，那么教育生涯就是幸福的人生。享受教育每一天，幸福生活到永远。就会让这个阳光下的职业真正体现出阳光的一面。只有教师幸福了，幼儿才会感到幸福，因为幸福的教师才能够真正去爱学生，师生共同感受幸福的过程正是和谐教育的价值体现，享受教育要懂得享受课堂。课堂是教师生命最重要的舞台，一个懂得享受上课的人，课堂便自然会成为其享受幸福的重要舞台，营造一个充满生命活力的课堂，和学生一起痛苦、一起欢乐，这样就会少许多教学的焦虑和烦恼。要懂得研究教学和合理定位，把教学工作看作是一种简单的重复，那必然厌倦，无幸福可言；但是如果对教学进行了研究，并对自己有合理定位，那么教师就能够从中带来了新鲜感和不断进步的成就感，那就有了幸福感。

如何享受"爱的幸福"？法国小说家雨果曾说过：生活中最大的幸福是有人爱我们。教师拥有学生和家长的尊重和爱戴。一个消极上学的幼儿由于我们的引导和帮助，变得听话上进了；或者，当一个个家长放心地把孩子的手放到我们的手上时，当一个个家长看到孩子健康成长而给我们投来赞许的目光时，当我们走在大街上或坐在公共汽车里被不知名的家长喊着"老师好"时……我相信，我们每一个教师都能感觉到硕果累累的喜悦。所以，一个老师要想获得幸福的体验，可以从爱孩子开始，学会了爱孩子，自然会喜欢教师工作，就会追求教学水平的进步，因为我们想把孩子教得更好；学会了爱孩子，我们自然会主动靠近学生的心灵，在了解和帮助学生的成长中体验着被尊重的人生价值；学会了爱孩子，我们自然会努力提高自己的素养，因为我们渴望成为一个学生喜欢的好老师，我们可以感受到许多乐趣。所以教师这个职业，爱是幸福的基础，能够和学生感情相融、心心相印，就能够让自己生命在每一天都感受、触摸、认同教学，他会和学生一起欢笑、一起流泪、一沉思、一起震撼。一个懂得享受学生的教师一定能够体会到教师的幸福了。

（四）关心教师生活 塑造阳光心态

走入教师家庭，了解教师的困难及需求，切实为教师解决思想、工作、情感及生活中的困惑和困难。坚持人文关怀，改善教师的工作环境和生活条件，从生活的细节上关心教师，为教师提供更加切实有效的培训进修机会。建立困难教师档案，尤其要关心年老体弱教师、离退休教师以及生活困难教师的生活。

丰富教师的文体活动，积极开展丰富多彩的教师文化体育活动，帮助教师建立健康、向上的生活方式。在教师中开展以"全员健身，健康幸福"为主题的体育锻炼活动。经常性组织开展多样化教师文体活动，使每名教师都能以健康的体魄，高效开展教育教学工作。

塑造教师的阳光心态，加强教师心理健康教育与指导，提高教师的自我调适能力。定期邀请心理健康专家学者举办心理辅导讲座，引导教师拥有积极的职业态度，进而增强教师的职业满足感、工作乐趣感、身心轻松感和时代责任感。

做一名幸福的老师要做到"把教育作为自己的事业而不是职业"。教师这个职业能够获得千万人的信任，拥有千百人的爱戴，因为教师能够真正体验到人生历程中最宝贵的真情。二十五年的教学生涯，让我逐渐体会到了作为一名教师的快乐，让我体味到了当教师的崇高，也让我领悟到了作为教师的成功的真谛--走近学生，就是完善生命。教师的快乐，来自学生，感受教师职业的真谛，满足了，得到了，快乐着，幸福着。幸福就在你的眼前，只要留心去发现。

有这样一个故事：美国西雅图的华盛顿大学准备修建一座体育馆，消息传出，立刻引起教授们的反对，校方于是顺从了教授们的意见，取消了这项计划。教授们为什么会反对呢？原因是校方选定的位置是在校园的华盛顿湖畔，体育馆一旦建成，恰好挡住了从教职工餐厅窗户可以欣赏到的美丽湖光。就为了这么简单的一个原因，为什么校方会如此尊重教授们的意见呢？原来，与美国教授平均工资水平相比，华盛顿大学教授的工资一般要低20%左右，教授们之所以愿意接受较低的工资，而不到其他大学去寻找更高报酬的教职，完全出于华盛顿大学对他们的尊重和留恋在华盛顿大学执教的幸福感。

幸福使他们淡化名利的纷争，幸福使他们不仅把职业作为一种生存的手段，并且产生更高的超越物质的精神追求。我们如果能为自己的员工感受到这样的幸福，师德建设可为高水准。

做一名幸福的老师还要做到"心胸宽大、仁慈博爱"。这句话说起来容易做起来难，工作中我们经常听到一些老师唠叨"某某孩子真难缠，天天捣蛋，不好好上学"、"某某家长不讲理，就知道到学校来闹老师"。其实调皮的孩子不一定是讨厌的孩子、闹事的家长不一定是不讲理的家长，要看我们用什么样的胸怀来对待这些事情，用什么样的方式来处理这些问题。我以前曾经写过一篇博客文章"老师眼中的好孩子和坏孩子"引起博友的共鸣，我认为很多学生时代的坏孩子毕业后都变成了老师眼中的好孩子，而同样也有很多学生时代的好孩子毕业后又都变成了老师眼中的坏孩子，无论好孩子、坏孩子，作为老师我们都应以宽容之心、博爱之心来对待，为好孩子付出教育的责任、为坏孩子付出教育的爱心。要想做到"心胸宽大、仁慈博爱"，还要学会站在对方的角度替学生、家长、社会、学校多想想。多想想孩子的需求，想想社会、家长学校的要求。很多幸福的感觉是站在对方的角度考虑问题以后，自己内心能够理解、能够宽容后而得到的。

做一名幸福的老师应学会与同事、社会、家长、孩子沟通。很多时候沟通能使人变得快乐。当我们感觉学校对自己不公平时,通过和学校沟通会让自己更详细的了解学校的规程、制度,也许你会因为理解学校的工作而变得幸福;当我们感觉社会对自己要求过高时,通过和社会沟通我们会了解社会需求什么样的人才,知道老师应该培养什么样的学生,自己应该在哪些方面提高,也许你会因为接受社会的要求而变得幸福;当我们感觉家长不讲理时,通过和家长沟通我们会知道家长的教育观,知道家长给自己孩子的定位,再对比自己对自己孩子的要求,也许你会因为理解家长而变得幸福;当我们感觉孩子调皮难教育时,通过和孩子沟通我们会了解孩子的兴趣爱好、特长、性格,从而为孩子量身定做适合他个人的学习计划,也许你会因为孩子的改变而变得幸福。

五、幸福学生是目的

有句话说:"孩子是祖国的花朵,幼儿教师是培育花朵的园丁。"这句话深刻且充分说明了幼儿的成长健康对国家的发展的重要性以及对幼儿教师的自身素质和文化知识涵养的严格要求。事实上不是每个人都能成为幼儿园教师,脱离传统古代的思维,在现代社会,一个幼儿教师不仅要具备看护好孩子的能力(保育),更加要有各种文化知识的储备以便于幼儿在提出"为什么"时教师能自如的回答(教育),这就要求教师的专业基础扎实出色,其次,还要具备"四心"即爱心耐心责任心和童心。

幸福是人生所追求的终极目的。一个人是否拥有幸福能力,应从人一生的关键期——幼儿时代开始培养。这是当前家庭教育、必须要为之努力的。因为幼儿幸福能力的培养不仅关系到一个人终身的幸福,也关系到家庭的和睦,社会的和谐。而幼儿幸福能力的培养关键在于教师，教师幸福才可能培养幸福学生。

教育学家马卡连柯就曾说过："我确信，我们的教育目的并不是仅仅在于培养能最有效地来参加国家建设的那种具有创造性的公民，我们还要把所有受教育的人一定变成幸福的人。"如何对幼儿进行幸福能力的培养，我认为应该从以下几方面着手进行。

（一）立幸福文化之"神"——守护幼儿全面发展的幸福摇篮

著名的教育大师苏霍姆林斯基说："学生的禀赋、才能、爱好和特长是各不相同的，需让他们有充分施展的余地，为他们的'表现'提供良好的条件。"课余文化既是社会生活的浓缩，也是课堂生活的延续，它在校园文化中占有相当大的比例，深入挖掘幼儿园课余文化，正是因地制宜，以人为本，着眼于人与人、人与社会、人与自然的关系，为幼儿提供"表现"的素材，给予幼儿施展的余地，充分发展幼儿的爱好、特长和才能的一个教育理念，守护幼儿全面发展。

"为幼儿营造幸福成长的空间"，促进幼儿个性形成：

1. 保持童真童趣，热爱自然和生活，顺其自然，导之以行，通过正面灌输和言传身教，使幼儿明辨是非，敢说真话，明礼诚信，并转化为自觉的行动。

2. 自律自强。强化自律意识，实行幼儿"自主管理"，即："值周班主任制""班干部选举制""督查小组制"，加大自主管理力度和督查评估。组织行动练习，提高行动的意志力。完成学习任务，遵守课堂纪律与幼儿园纪律，执行委托的任务，以及园外无监督的文明行为等都可以锻炼幼儿的意志力。进而培养幼儿的行为习惯：创设良好行为的情境、不给重复不良行为的机会；提供良好的榜样；体验成功的愉悦；根除坏习惯。使自己成为行为习惯的主人。

3. 扬其个性。明确"一切着眼于幼儿未来"的办学思想。失败的教育只会使教育失败，成功的教育才能使教育成功，教育的目标不应只着眼于现在，而应放长眼光，为幼儿的一生负责。幼儿园用开放性的办学风格，发展丰富个性，培养创造型人才，以幼儿的全面发展为中心，以幼儿的一生健康成长为目标，使幼儿园的一切教育教学工作都紧紧围绕尊重幼儿主体地位，发展幼儿个性特长，加强富有创造性和个性化的实践教学，培养幼儿的创新精神和实践能力来展开，交给幼儿活动主动权，实行"明星制"，评选小明星。

教育的根本目的就是为了幼儿的发展，培养幼儿追求现在和未来幸福的能力，而这个能力除了文化知识以外，也包含了身体素质、情感素质和适应社会的技能。因此，幼儿园从改革和完善评价制度入手，评价思路进一步顺应和满足了不同发展层面、不同个性、特长、不同发展需要的儿童和家庭的需要，充分体现"多一把评价尺子，多一个幸福体验，就多一个幸福的孩子，多一个幸福的家庭"。

（二）启蒙幸福 感受幸福 获得幸福

"爱的教育"——启蒙幸福。培养幼儿的幸福能力，首先应对幼儿进行"爱的教育"，让幼儿具有爱的能力。只有一个幼儿学会爱家人、爱老师、爱朋友、爱祖国，才会得到爱的回报，一个拥有爱的能力的人才能拥有幸福能力。幼儿园是幼儿度过时间第二多的地方，在幼儿园中教师应从多方面对学生进行"爱心教育"。一是在学校的整体大环境上，创建温馨的校园、现代化的教育设施、丰富多彩的校园文化以及激人奋进的学校精神，让幼儿在校园中能随时感受到一种"爱"的氛围。二是在班级小环境上设立班级爱心栏目，对有爱心和乐于助人的幼儿进行及时的公布和表扬，评选"助人为乐"之星；成立"爱心活动小组"；以点带面，让爱的典型向班级辐射，使爱的暖流流入每个人的心灵。在幼儿园每天与幼儿接触得最多的就是教师，教师的一言一行都可能影响他们的一生。所以，教师应做一名"爱的使者"，随时向幼儿播撒爱的种子。这就需要教师做有心人，密切关心幼儿的学习和生活并注意到当他们处于成长期时的一些心理上的变化。润物细无声，教师爱的语言、爱的行动，必将感化幼儿，使撒向他们爱的种子生根发芽，茁壮成长。课堂教学是获取知识、形成能力的主要阵地，也是进行"爱的教育"的重要途径。教师在传授知识的同时，应该灵活地渗透爱的教育。可以通过故事分享，阅读绘本，交流感受，让幼儿懂得学会爱，回报爱，做爱的使者。教学时，不仅让孩子说如何回报爱，更应让孩子回家实践爱，学会用行动表达爱，学会爱的能力。

"挫折教育"——感受幸福。现在的孩子不缺少爱，但蜜罐里泡大的孩子往往不觉得甜，因为没有尝过苦，如何知道甜？"挫折教育"就是让学生在面临挫折的过程中，学会战胜挫折。战胜挫折，获得成功，他就尝到了幸福。每个人在世遭受挫折不可避免，如果幼儿不能够正确地面对和战胜挫折，那将会感觉到生活在世上非常痛苦，不能感觉到幸福，也没有幸福能力。幼儿园是实施挫折教育的另一个主要场所。在幼儿园中，首先是对幼儿进行正确的人生观、世界观教育，这是确立正确的挫折观，进行挫折教育的两个最重要的思想基础。通过对幼儿进行科学的世界观、正确的人生观教育，使其认识到挫折的必然性和合理性。认识到挫折的双重作用，认识到挫折并不都是坏事，应以积极的心态去面对，以正确的方式去对待。学校教育在挫折教育中起着主导作用，教学活动是工作的中心任务，也是对幼儿进行挫折教育的主要渠道。从教学活动的角度对幼儿进行挫折教育要做到：第一，课程设置多元化。增强教材中心理健康知识的含量，将知识学习与活动课程、显性课程与隐性课程结合起来，使幼儿在各种潜移默化的教育中接受挫折教育；第二，改变传统的以教师和教材为中心的教学模式，提倡以幼儿为中心的发现式和探究式为中心的教学模式，充分发挥幼儿的主体作用；第三，改变传统教学中对幼儿的评价标准和评价方式，力求做到评价方式多样化，克服答案单一化和标准化。

"合作精神"——获得幸福。现代学校以及社会上的竞争，给孩子带来了很大的压力，造成了心理上不的不平衡，增加了人们的痛苦。教育在教会人们竞争时，更重要的就要教会人们合作，与人共处，共同成功，大大地缓和由竞争所带来的痛苦。所以教育就是要教会幼儿如何与人合作，从而获得幸福，拥有幸福能力。在幼儿园中要进行合作精神的培养，首先是改变传统的教学模式。在教学中加强教与学的合作。传统的"教师中心论"正逐渐被现代教学的"学生中心论"所替代，师生在教学中的合作关系逐渐形成。这种在教学中新型的、平等的、民主的、和谐的师生关系，有利于在教学中培养幼儿的合作精神，并能够调动幼儿学习的主动性。在分组进行的活动和学习中，幼儿之间学习方法的相互交流、学习知识的相互补充、学习情感的相互感染，就将培养他们群体的合作精神。在教学中师生的合作以及幼儿之间的相互合作，也会教给他们人与人之间的合作之道。在这样的相互合作中，不仅有利于学业的进步，还将体会到合作所带来的幸福感。其次幼儿园是一个集体生活的地方，组织各类课外活动、班级活动将会极大地培养幼儿的合作精神。在活动中，老师既要加强指导又要放手让幼儿自己去干，让他们在活动中充分发挥主动性，自己动手、动脑去组织。在这种活动的过程中培养集体的合作精神，得到幸福能力。

（三）加强教育教学趣味，促进幼儿幸福感

1. 加强教育活动的趣味性以及多样性

（1）根据幼儿在游戏中最具有幸福感的特点，开创"娃娃家""超市""理发店"等系列自主性游戏活动，激发幼儿主动学习、积极投入的情感，培养幼儿交流、参与、表现的能力，拓展幼儿游戏或区域活动的选择面，保证幼儿更多的自主性。

（2）举办重大的欢乐节日系列活动。每到元宵、元旦、中秋、重阳等传统节日和"三八""五一""六一""国庆"等节日，全园上下总动员，做到精心准备、隆重举办、精彩回放。

（3）幼儿园进行园本课程——我园的"起点课程"则是顺应当下幼儿课程发展趋势，满足儿童的终极需要，体现了幼儿园对幼儿的人文关怀。但是，由于长期以来成人幸福观的偏差，成人对幼儿个体需要认识的偏差及对幼儿学习认识方法的偏差，从而导致部分儿童在幼儿园没有感受到幸福，幼儿对幸福的追求欲受到了抑制，如何让孩子在幼儿园感到幸福是非常急需的。开展别具一格的园本活动，如"户外体验活动"等，让幼儿在大自然的体验活动中积极探索，善于观察与思考，乐于表达和表现，体验成长中的欢乐。

2. 家长加强知识与修养的提升

韦斯伯德指出："幸福源自道德"。太多家长在促进孩子学业成绩方面过于积极，而在引导其道德生活方面则显得过于被动。对于之前几乎每代父母都了然于胸的一个事实我们却视而不见——即培养高尚道德需要有意识且持续的努力。他告诫家长：虽然我们知道应该追求自己本性中善良的一面，但面对削弱自己指导作用的障碍时，我们却并未采取任何措施，也看不见自己身上所具有的真正的到的潜力。而我们在这些方面的失败将是孩子付出昂贵的代价。我们必须相互提出更高的要求。儿童对于幸福感的需要主要体现在自尊上。儿童阶段获得的幸福感将成为个人一生的基石。随着儿童逐渐开始拥有生命意识，幸福感不再仅仅是感官满足，也成为内心的一种体悟。家长要帮助幼儿消除自卑感、消除消极情绪。幸福感比学习成绩更重要。

完善家园合作渠道，科学共育幼儿幸福感。健全组织，完善规划，规范管理家长学校。学校通过家长学校联络网络，可以广泛征求家长对幼儿园德育教育意见，收集家长对孩子教育困惑的问题：如孩子的心理问题、行为习惯问题、隔代教育问题等等，以此来进一步提升幼儿的幸福感。建立和完善共育工作网络，家庭与学校实验教育的良性互动，及时掌握和通报学生在校内外的表现。

要教育好每个学生，就要爱每个学生，教师的爱是阳光，应该公平的照着每个学生，为他们指引光明的路；教师的爱是春雨，应该均匀洒向每个孩子的心田，使他们茁壮成长。"有人赞美师爱很精彩，很伟大，但我觉得师爱简简单单：当一个孩子犯错误时，我告诉他正确的做法，同时送给他一个微笑，相信他会改的；当一个孩子学习有进步的时候，我会竖起大拇指对他说："你真棒！老师期待你更出色的表现。"当一个孩子一次又一次地提问题时，我会不厌其烦地一一回答；当一个孩子滔滔不绝地讲诉家里的趣事时，我会细心聆听，和他一起分享快乐……

第三章　幸福教育理念管理经验

引言

　　幸福是一种真正的愉快，它可能外露，也可能内藏。所谓真正的愉快是指这种感受是发自儿童内心的，是与其成长的方向一致的。幸福的感受能引发儿童不断地创造、探究和成长。所以幼儿教育应该给幼儿以知识，发展幼儿的能力，激发幼儿积极的情感，使幼儿真正感受到幸福，这也是衡量幼儿教育成效的最根本的标准。幼儿园班级工作琐碎繁多，每时每刻都会有不同的故事出现。做好班级管理工作，更是一门学问。让班里的每个幼儿都能感受到你对他们浓浓的关爱就一定会有意想不到的收获。作为幼儿园老师的我，在班级管理的过程中，也常会产生许多的困惑和追问。因此，在二十五年的教学中，我一直在不断地实践、反思、在实践，并采用发现问题、分析问题、解决问题的方法，大胆尝试新的班级管理理念和方法。处于天真活泼的小孩子间，每天都会发现不少的趣事，不少抬手得来的绝妙经验，常给人久久回味的遐想。

　　行走在幼教事业上已经25年，在各种教育理念的引领下，在幼教最先进的理念的醍醐灌顶下，我将对幼教的认知认定为两个字"浸润"。浸润教育即在幼儿生活的点滴中入手，在幼儿游戏活动的细节处着眼，在螺旋上升的主题教学体验中感悟，在行为习惯的养成中驻足，更在教师家长的言传身教中潜移默化……正可谓"处处皆教育，"点滴皆学问"　"雨润无痕、花开有声"于润物细无声处倾听幼儿生命拔节的的旋律。

正是这样"浸润"教育给予我的教学活动以生机活力，"浸润"教育让孩子们自然习得还孩子一个幸福的童年，也是"浸润"教育带领着我和幼教同伴一起共同探索幼教本质，享受生命的厚重，感受到教师的幸福。幼儿园的生活活动是具体的，甚至是琐碎的。以往的教育观念，我们往往将它划为保育活动，而忽略了其中的教育价值，更是忽略了幼儿生活常规、行为习惯和良好品格的养成。我认为在幼儿园生活活动中，教师应做到时时刻刻眼中有孩子。眼中有孩子是生活教育的基础，心中有目标是生活教育的魂。只要我们做到"眼中有孩子 心中有目标"，再落实到我们的"浸润"教育活动中，幼儿对情感敏锐的感知可以体会到教师们的用心和教学中的开心，教学之后的幸福。幸福是可以传染的，幸福的老师才能用润物细无声的教学浸润每一个孩子，孩子们的每一个笑脸也能传递出浸润中的幸福，感知到来自教师们的真心，在我们的教学工作中，我们就变成孩子们的朋友，亲人，在他们稚嫩的心里种下幸福的种子。这对孩子们来说就是一生的财富，一个人拥有了富足充沛的安全感和幸福感，对人生就能充满希望，面对困难的时候不会就能真正践行"以生为本"雨润无痕，让孩子在不知不觉中获取真知、学会做人。

一、什么是幼儿园管理

幼儿园管理即班级管理，有效的班级管理在帮助幼儿发展成独立个体方面起着重要作用，独立的个体意味着能控制情绪、积极的参与活动、有效率的做事。有效的班级管理为幼儿提供学习适宜社会行为打下基础，班级管理的过程需要教师、家长、幼儿之间的积极互动以帮助幼儿理解自己和他人的感受，幼儿与成人

第三章 幸福教育理念管理经验

之间的积极互动是幼儿健康快乐成长的关键。幼儿的幸福教育也得益于有效的班级管理，班级管理工作能够帮助教师们更快速深入地达成幸福教育的彼岸。幼儿园班级管理是由幼儿园班级中的保教人员通过计划、实施、总结、评估等过程协调班级集体内外的人、财、物以达到高效率实现保育和教育的综合性活动。为了实现幼儿园的保育和教育目标幼儿园的班级管理体系必须包括合理完备的管理内容实施这一内容的方法以及必须遵守的原则。幼儿教育的管理包括生活管理和教育管理。

幼儿园管理要求协调好班级包教人员、幼儿及其他管理要素之间的关系，明确幼儿园班级管理的内容。只有明确了班级管理工作的内容，才能对班级幼儿保教工作的有关人、财、物进行合理组织和协调。按幼儿园活动分类，幼儿园班级管理由生活管理和教育管理两方面组成。其他管理工作服务于幼儿的生活、教育管理。幼儿每天有规律地生活，有顺序地进行各项活动；在一日活动的各个环节中，注意动静交替，智力活动与非智力活动相结合，室内与室外活动相结合，有组织的活动与幼儿自选活动、自由活动相结合，功能室活动与幼儿课室活动相结合。

（一）生活管理

幼儿园班级生活管理——是为了保证幼儿身体正常发育，心理健康成长，保教人员围绕幼儿在园内的起居、饮食等生活方面的需要而从事的管理工作。生活管理是幼儿保育工作的重要内容，是幼儿教育工作的前提，它构成了班级工作的基础。

认真执行幼儿一日生活作息制度，使幼儿每天按时起床、睡眠、游戏、活动、锻炼，一日三餐两点饮食起居有规律。有目的、有计划地开展教育活动，使幼儿在一日活动中形成一系列良好的条件反射。幼儿每天有规律地生活，有顺序地进行各项活动；在一日活动的各个环节中，注意动静交替，智力活动与非智力活

-37-

动相结合，室内与室外活动相结合。

重视在日常生活中培养幼儿学习穿脱衣服、自己吃饭、盥洗、整理玩具，培养幼儿生活的规律性和行动的组织性，提高幼儿的自我服务的生活能力。发展幼儿的独立性，使之在动手动脑、自我探索的活动中体验到成功的乐趣。有组织的活动与幼儿自选活动、自由活动相结合，功能室活动与幼儿课室活动相结合。

1. 幼儿园班级生活管理的意义

班级生活管理，可以满足幼儿在园生活的物质要求。为其提供良好生长的物质环境。幼儿正处于多方面依赖于成人而生存的时期。他们的生存需要、发展需要有待成人加以保障。幼儿园一日生活几乎包括了睡眠、饮食、如厕、衣着等全部生活内容。因此班级生活管理培养幼儿热爱劳动，尊重别人劳动等优良品质。科学地照顾幼儿的生活，熟悉幼儿园卫生保健制度的内容和要求，并能按要求实施。

保障了对幼儿食品供给、休息、活动场地的提供、生活设施用品服务等物质条件。保证幼儿均衡营养、良好睡眠、安全卫生防护等身体发育的需要。更重要的是通过对幼儿生活常规管理使其养成良好的生活习惯、生活态度、提高幼儿的生活自理能力。

幼儿园班级教育管理——是指班级保教人员在班主任教师的带领下对班级幼儿进行调查的研究，对教育过程精心设计组织，对教育结果进行细致评估的一系列工作。幼儿园班级教育管理的意义：幼儿园班级教育管理对明确幼儿教育目标，优化幼儿教育方法，保证幼儿教育效果起着非常重要的作用。班级保教人员大多受过系统的幼儿教育方面的训练。能根据幼儿的年龄发展特点安排教育活动，能准确的把握幼儿知识和技能教育的目标和任务，从事的班级教育管理避免了社会和家庭中存在的多种教育误区，保证了幼儿发展的全面性和平衡性。

2. 幼儿园班级生活管理的内容

制作班级名册、幼儿家庭情况登记、明确联系方式。通过家访了解幼儿家庭教养情况初步了解幼儿生活习惯并做记录。安排幼儿个人使用的水杯格、毛巾架、衣柜、床写上姓名并提供便于幼儿识别的标记。

幼儿园晨间活动：

（1）携带手帕、衣着整洁来园。

（2）接受晨检，插放晨检卡。

（3）将外衣、帽子、书包放在固定地方，摆放整齐。

（4）进行简单劳动，如擦桌椅。

盥洗：

（1）逐步掌握洗手、洗脸、漱口的方法。

（2）饭前、便后、手脏时主动洗手。

（3）大小便基本自理。

（4）盥洗时保持地面干爽、清洁。

（5）勤剪指甲，讲究卫生。自觉维护班级和公共区域的卫生。

餐点、饮水：

（1）餐前洗手，安静入座。

（2）正确使用餐具。

（3）细嚼慢咽，不挑食，不剩饭菜。

（4）注意桌面、地面整洁，注意衣服整洁。

（5）餐后擦嘴、漱口。

睡眠：

（1）保持寝室安静和卫生，自己在床铺前有序穿脱衣服、鞋袜。整理好自己的东西，放在固定位置。

（2）安静入睡，睡姿正确，不玩物品。

（3）学习并会整理床铺。

散步：

（1）在老师的带领下，一个跟着一个，有秩序地散步。

（2）散步时不奔跑，不推挤，注意安全。

离园：

（1）收拾好玩具，整理好场地，愿意完成老师交给的简单劳动任务。如活动区角的清理工作等。

（2）将脱下的衣帽带回家。

室内活动及游戏：

（1）每天入园要安静地到各个活动区活动，能与同伴交流合作；有次序的收放玩具。

（2）要爱护游戏玩具、材料，不争抢、不破坏。

（3）玩具玩完后能及时收拾归位并整理好，要随时捡起掉在地板上的玩具，保持区角整洁。

（4）不把玩具放入口、耳、鼻内，不坐地板等。

（5）要遵守游戏规则，并认真学习各种游戏的玩法。

（6）在游戏中学会做到"三轻"（说话轻、走路轻、搬东西轻）。

户外活动的常规：

（1）积极参加各种体育活动，玩运动器械时候不争不抢，爱护体育器械。

（2）懂得在指定的范围活动，注意安全，不做危险动作；身体有何不适及时告诉老师。

(3) 锻炼前后及进行中,自己学会增减衣服。

(4) 在老师的提醒下,遵守游戏规则,正确使用玩具、器械,轻拿轻放。

(5) 户外活动时能按自己的意愿选择游戏,和同伴协商一起玩。

(6) 能够随口令或音乐节奏走步、排队、做操,精神饱满。

教师初步布置活动室环境,准备活动设施等。依据幼儿一日生活表现及家访分析,制定班级幼儿生活管理计划于措施。每日班级保教人员根据幼儿一日生活程序履行生活管理职责。每日做好幼儿上下午来园、离园的交接记录。每日做好班内外幼儿活动场地的清洁工作和各项设备的安全检查。每周对活动玩具进行消毒,更换生活用品。每周初,班级教师碰头总结上周经验,调整本周幼儿生活管理的工作内容及分工。对幼儿计划免疫、疾病、传染病情况作登记。体弱幼儿的生活护理。

学期末应做好各项工作的首尾工作和总结。做好对幼儿生活情况的小结。总结班级幼儿生活管理工作,找出成绩和问题。向家长发放幼儿在园生活情况小结,指导家长对幼儿的假期生活进行管理。整理室内外环境,对集体用品、材料进行清点登记。

(1) 关心幼儿、细心观察幼儿,发现幼儿有异常表现,要仔细询问,了解情况,做好幼儿心理,生理的保护,一旦发现病情,要送医务室治疗。

(2) 认真细致照顾好幼儿的饮食、洗澡、睡眠、活动等。使之在园如同在家一样温暖、舒适。

(3) 正确掌握常用药品的保管和使用方法,能准确为幼儿服药,药箱要把内服和外用药分别贮藏、放置在幼儿拿不到的地方。

(4) 注意室内空气流通,照明达标,清洁卫生,无安全隐患。一旦发现,马上向主管领导汇报进行维修,做到防微杜渐。

(5) 认真做好幼儿传染病的隔离、消毒工作。

(6) 管理好幼儿的日常用品，经常清洗和翻晒幼儿的衣物，达到清洁卫生的要求。

教师室内课堂教学的常规：

(1) 坐姿自然，端正。

(2) 阅读姿势，握笔姿势正确。

(3) 说话，唱歌不大声喊叫。

(4) 不把学习用品放入口中。

(5) 说话前先举手，用标准普通话回答问题，吐字清晰响亮。

(6) 安静听老师和同伴讲话，不打断别人的话。

(7) 愿意协助老师准备学习用具、材料并正确使用，用完在老师指导下收拾和整理学习用具及材料。

体育学习管理：

(1) 主动参加各种体育活动，对体育活动有兴趣。

(2) 在教师提醒下，活动前会整理服装系好鞋带，知道要增减衣服。

(3) 正确对待游戏竞赛中的输赢。

(4) 学习基本动作走、跑、跳、爬、攀登、投掷和排球。学会听口令做动作和变换队形。能掌握基本要领。

(5 积极参加活动，不怕累不怕苦。

其他学习活动常规的内容：

(1) 喜欢参加阅读、散步、观察等其他教育活动。

(2) 学习和掌握基本的阅读技能方法，爱护图书；懂得按顺序观察画面。

(3) 学会用一定的顺序观察，学习用多种感官观察。

（二）教育管理

多年的幼儿园管理经验告诉我，教育教学的管理是智慧的管理，一个优秀的管理者应该有思想、有眼力、有创新，只有不断地学习专业理论，并联系于实际，搞好教育教学，办有特色的幼儿园，才能让幼儿园跟上时代的步伐。

每一位教师的能力都有所不同，因此，我们的要求也就各有侧重点。对于新教师主要进行反复的"关键程序"训练，包括学习制订阶段计划；坚持对每次的研究活动进行观察与评价，写好观察分析记录；坚持与幼儿进行个别的正面交谈。对熟练教师，我们则要求进行"反思性"的实践与总结：学习撰写设计报告、实施方案和研究报告；坚持用科研的眼光和行动开展研究活动，并对研究过程进行反思，作出理性的思考和选择；能带领新教师共同解决研究活动中发现的疑难问题。

1. 加强教师业务学习

学会"学"。"学"，我们通过走出去、请进来的方式，组织教师参加各类培训、讲座、观摩等活动，开阔教师眼界，更好地把教科研工作引向深入。学习带来了大提高，教师们对教育理论学习更加关注了，自觉性更高了。有的教师反映，学与不学确实不一样，过去，自己总是停留在经验主义，对被人的创新做法或者看不到，或者看到了不重视、不以为然。如今，不少教师能够自觉、主动地购买教育理论著作，订阅教育理论刊物，并不定期地进行摘抄工作，还认真地写下学习体会，整个幼儿园学习教育理论的氛围明显增强。

学会"问"。"问"，能使教师在行动研究中不断对自己的教育实践进行反思，积极探索教育实践中的问题，努力提升教育实践的合理性，使自己在成为研究型教师的道路上又迈进了一大步。为此，我园开展了"每月一问"的活动，要求教师针对自己在课题研究中的困惑进行提问，园部再以年级组和教研组为单位组织教师分析问题，共同寻找解决方法。

学会"说"。"说"，能使教师们积累经验、相互学习。首先，我们特地安排了"每周一说"的活动，组织教师说一说一周来的研究心得，聊一聊研究过程中幼儿的具体表现和自己的指导方法。其次，我们还安排了解决"每月一问"的小组讨论活动，由各组长带领教师们先详细地分析问题，再各抒己见，想办法解决问题，在这种讨论活动中，教师不再是被动地听讲，而是主动地参与，理清自己的思路，将其有条不紊地表达出来。这两项活动即提高了教师们的表达能力，又实现了经验分享，利用集体的智慧互帮互学、共同提高。刚开始，不少教师由于习惯于领导在检查、督导中发现问题、帮助解决问题的传统流程，而不知该如何提问，写上来的问题往往大而空泛，带有一定的盲目性。后来经过指导，教师开始有意识地审视自己的研究工作，更细致地观察、研究幼儿的活动反应，并对研究过程中的一些细节提出质疑、发现问题，久而久之，教师的问题就越来越多、越来越细化了。

2.制定教育管理工作计划

（1）结合家访和对幼儿的观察分析，完成对班级幼儿发展水平的初步评估，并做好分析记录。

（2）根据幼儿情况和班级条件，制定详细的幼儿教育计划。计划包含阶段性班级教育教学目标及完成进度的日程安排，还要考虑特殊情况的处理方法。如因材施教、材料替代，针对班中教育问题如何开展教学研究活动等。

（3）布置班级教育教学的小环境，如墙壁环境及班级游戏区域的环境创设。

（4）班级保教人员共同制定各项教育活动的组织形式及基本常规，建立班级教育。

（5）活动的运转机制。带领幼儿熟悉环境、了解基本的班级情况及管理常规，初步建立友好、协调的师生关系。

（6）学期中的教育常规管理：

（7）每日事务(准备当日活动的材料、针对前一日教学情况进行巩固、复习和新授,保证教育的连贯性。做好教学效果记录，做好个别幼儿的辅导工作，记录教育活动中幼儿的反应。)

（8）每周工作提前两周，根据教研组备课计划，制定周教育进度与各活动安排，制定班级每日教育教学活动方案。

（9）每月工作，月初制定月教育目标活动计划，召开班级教师会，研究班级教育工作的具体内容和措施，做好分工配合工作。月末整理各种教育材料，根据教育内容适当调整活动室环境。

（10）期末班级教育管理工作：

（11）整理教育活动方案、教育笔记和幼儿作品档案。

（12）做好幼儿学期评估工作及幼儿发展情况小结。

（13）完成教师自身的评估，总结个人教育目标的实施，教育方法的运用情况。

（14）做好班级教育活动材料的清点与登记。

3. 重视保育保健工作

幼儿园的教育工作是既要研究教育，也要重视保育。要充分认识到做好保育工作的重要性和必要性。幼儿年龄小，生活能力差，每天的吃、喝、拉、撒、衣、学、住、行，事无巨细，要做好保育保健工作，教师应该"奉献一颗爱心，做好三个'保'字"。"奉献一颗爱心"就是把自己的爱献给幼教事业，献给幼儿，作为一名幼儿教师，应该有一颗博大的心，"教育之没有情感，没有爱，也不能成为教育"。"做好三个'保'字"，即保卫生，保安全，保好习。保卫生就是对教室和玩具要及时进行消毒，做好进食前后的清洁工作;保安全，就是当发现幼儿带有弹子等危险物品时，即劝其拿出，让家长带回或代为保管，发生突发事件时，立即妥善处理；保好习，就是要求幼儿早日养成良好的行为习惯，如进餐习惯，午睡习惯，言行习惯。

幼儿园的主要目的就是对幼儿实施保育和教育，如何将保育和教育相结合，这是幼儿园保教的一大难题。幼儿园是教育机构，教育幼儿是它最主要任务。其它工作都是为教育工作服务的。做好卫生保健工作，是为了保证幼儿的健康，更好地接受教育；做好总务后勤工作，是为了提供更好的物质条件和良好的环境，以确保教育工作的顺利实施；建设一支高素质的师资队伍是落实教育工作的关键，没有教师来完成教育工作，教育工作只能是纸上谈兵，不能成为现实。

随着教育思想、教育观念的更新，我们的保育观也在不断更新和发展着。站在素质教育的高度，我们认为现代的保育观应体现在不仅为幼儿提供良好、有序、规范的养护和保育，而且更应该创设适应幼儿活动的环境，让幼儿从最贴近生活的保育工作中学会生活、学会学习、学会关心。有计划地采取各种形式，通过各种途径将有关的保育知识和能力传授给孩子，使每个孩子从小养成终身受益的良好的生活习惯、生活能力和自我保护能力。

幼儿园的教育目标是培养人才，为了实现这一目标，必须将保教了作放在中心的位置上。保教工作是培养人才最直接的工作，其它工作都是围绕保教工作而展开的，保证保教工作质量是保证幼儿全面发展目标得以实现的前提。幼儿园保教工作目标对其它工作目标具有很强的导向作用。每所幼儿园总是先确定保教目标，然后再根据保教目标确定其它工作的目标

"保教结合"是当前幼儿园教育工作应有的特点。长期以来，我们对"保育"的理解往往是狭隘的、消极的。幼儿教师在重视幼儿园教学活动的同时，还应重视幼儿的生理发育、卫生保健及幼儿的心理卫生。那么，保育与教育相结合

的重要性具体体现在哪几方面呢我将从以下几方面加以阐述

（1）幼儿生理、心理健康及卫生保健与幼儿园教学活动的顺利进行是相互影响、相互制约的。我们要切实做好幼儿生理与心理卫生保健工作，要为孩子创造一个良好的教育环境，让孩子们的心理、生理都得到健康发展，让孩子处在轻松、愉快的环境之中受到全面教育。从这个意义上来说，保教结合有更为深刻而广泛的意义，提出教育因素的参与对幼儿心理、生理健康的重要作用，以及保教结合在幼儿教育中的整体性作用，因而我们在评估一所幼儿园或者一个年龄班的教育工作时，就必须全面考察其保育与教育两方面工作是否放到同等重要地位；是否注意了保育与教育工作的内在联系和整体性。也就是看其是否真正贯彻了保教结合的原则。过去不少幼教工作者忽视了这个问题，认为幼儿教育活动就是指幼儿园教学活动。有关部门在考核幼儿教师时也把教学作为唯一考评标准，似乎只要幼儿教师的课上的好就合格了。诚然，教师应该上好课，但我们只把焦点集中在教师的教学而忽视教学以外的教育手段及保育工作，这实际上及不利于幼儿获得全面健康的发展的。

（2）保育、教育是互相联系、有机渗透的。

如我们幼儿园小朋友每天饭后都要漱口，但没有一个小朋友把水吐在地上；因为他们知道，若将水吐在地上，不小心，别的小朋友就会摔倒，而且，还不卫生。漱口是幼儿园的每个孩子每天都要进行的，这不仅仅是保育工作，同样也是教育工作。做好保育工作有利于幼儿养成良好的习惯和美德，使他们从小就树立起关心他人的思想感情。有一次，我们班老师正在上课，做为保育员，我也像常规那样，在配合教师进行课堂活动，突然我发现有一个小朋友牙痛，表情很痛苦，眼瞅着他的行为就要影响课堂，于是，我及时地走到这个孩子面前，抚摸着他的脸，并把他抱在自己的怀里。这个孩子得到了爱抚与安慰，脸上立刻露出了笑容，在其他孩子没有察觉的情况下，我顺利地化解了一次小麻烦。同样的，执教的老师也会受到来自保育员这种"将一切交给我"的情绪感染，是授课的情绪始终得以保持。当然，我们也常常会看到有的教师将教育和保育截然分开，在上课时，不管发生了什么事情，一味地强调问题的缘由是孩子引起的，这不仅忽视了幼儿的保育，也错失了教育的良机，甚至会在无意之中损害幼儿身心健康。

　　保教结合是一个整体概念，"保"和"教"是教育整体的不同方面，同时对幼儿产生影响."保"就是保护幼儿的健康。健康的内涵十分广泛，有身体方面的，有心理方面的，还有社会方面的。身体方面包括预防疾病，加强营养和锻炼，使幼儿有健康的体魄；心理方面是指培养幼儿良好的情绪，注重其健康、积极的情感培育；社会方面是指培养幼儿探索环境、适应社会的能力，同时还要培养幼儿良好的交往能力，使幼儿不仅有与他人交往的勇气，又掌握与他人交往的技巧。以前我们更多的是重视幼儿身体上的健康，而忽视了幼儿心理和社会方面的健康，致使一些幼儿情绪不高、波动大、封闭、孤僻，不知道如何与他人交往，这是不能称之为健康的。儿童从出生到3岁是体格、精神和心理发育最迅速的时期，是进行教养的最佳期，开展婴幼儿早期教育是提高全民族素质的百年大计。 对婴儿实施教育，必须以良好的生活秩序做保证，健康 的体魄做前提，制定以保为主，保教结合的原则，首先要安排好一日生活，把教养工作落实 到一日生活各环节中。

　　幼儿园教育具有不同于中小学的特殊性，要从幼儿的年龄特点的能力需要出发，加以组织安排。有人认为，幼儿园时期还谈不上素质教育，素质教育应从小学开始。这种观点是十分错误的。我们常常看到有的孩子很聪明，生活自理能力却很差；有的孩子记忆力强，却缺乏创造力。这些都说明我们的教育还存在着种种弊端，将什么样的幼儿教育带入21世纪已开始引起人们的深思。促进幼儿全面发展。培养高素质的人才是每个教育者义不容辞的责任。

坚持保教结合的原则，并将其渗透到幼儿园教育的各个环节是保教管理工作的基本任务。教育者的儿童观、教育观，以及管理者办园的指导思想、理念都是通过保教人员的保教工作落实到幼儿身上的。这就进一步将保教结合确定为幼儿园教育工作的根本原则。幼儿园教育工作者和管理工作者必须深刻领会保教结合的原则，并将这一原则贯彻到实际工作中。这是做好保教管理工作的关键。

教师还应注意创造良好的集体保育秩序，创设并营造集体氛围，发挥幼儿群体或集体的影响力，同时尽可能多为幼儿提供伙伴间交往，共同活动和游戏的机会，发挥幼儿伙伴之间相互激励促进作用。而且营造良好的氛围有利于提高幼儿的素质教育，它给予幼儿最直接的感受和体验，物质氛围给幼儿以刺激和印象是具体的，而良好的物质氛围是以安全为前提条件，这一点非常重要;精神氛围对幼儿品德和行为习惯的养成也有着重要的作用，在幼儿园里，教师之间的亲善和睦，敬业爱园，同情助人，便给幼儿树立了一个良好的榜样。

需特别注意的几个生活环节：

（1）幼儿的指甲问题。上学期，有家长反映说幼儿的指甲很长，也有家长反映说幼儿的指甲剪得不好，孩子回家后老喊很痛，有的还有血樱这两个现象都反映出我们老师做事不够用心、不够细致!孩子天天都和我们在一起，孩子的指甲长了难道我们都发现不了?作为成年人，在给孩子剪指甲的时候是否能把握好一个度?如果连剪指甲这么简单的生活问题都解决不了，我们又怎么能告诉家长我们是一流的幼儿园?类似情况，教师应该认真对待，重视起来。

（2）养成良好的洗手习惯。要养成良好的洗手习惯除了要做到餐前餐后要洗手，便前便后要洗手之外，还要做到使用正确的方法洗手，不能把洗手当成是"过水"。以往有不少班级有好的做法，如：在洗手池附近张贴正确洗手的图样，随时提醒幼儿使用正确的方法。

（3）幼儿入睡常规的培养。上学期，在巡视过程中发现有些班级的老师不注意培养幼儿良好的入睡常规，孩子脱了衣服上了床就不管了，不少孩子喜欢抬起头来东张西望、有的甚至就坐起来玩等等。安静入睡是非常重要也是非常好的睡眠习惯，带幼儿进睡室的老师要重视培养好孩子的入睡习惯，保证孩子有良好的睡眠环境。

（4）幼儿自理能力培养。培养幼儿的自理能力在全寄宿的幼儿园显得尤为重要。各班教师可以利用每天睡前活动时间根据幼儿的年龄特点，进行幼儿自理能力专项训练。如：教孩子扫地、拖地、叠被子、叠毛毯、擦桌子、洗毛巾、擦汗、穿衣服、穿鞋袜、整理自己的衣着等等。自理技能的培养不仅可以培养孩子们爱劳动的良好品质，还可以为幼儿日常生活提供便利，减轻老师在组织活动时的负担。

（5）幼儿物品管理。幼儿的衣物要随时写好姓名，避免有遗失或混乱的情况，杜绝有家长投诉幼儿物品遗失的情况。

在幼教的日常工作中，爱心的体现无所不在。作为幼教老师，最大的过失莫过于对孩子没有爱，最大的悲哀莫过于失去了对孩子的爱；尊重孩子、信任孩子、鼓励孩子是爱心……爱心是重要的，有了爱心，我们就会在日常的保教工作中，全身心地投入，把这种博大而宽宏的爱心不断地转换成日常保教活动的耐心、责任心。从有利于孩子心理和生理健康成长的角度出发，不断加强自身幼教专业素质的提高，精心设计好每一个教学活动计划，让孩子在幼儿园健康快乐地成长。

（三）幼儿园班级家庭教育管理

在幼教的路上走过了二十五个春秋，在教育孩子的方面，我和家长朋友们经常坐着一起探讨，我始终就觉得家庭教育在孩子一生的成长中起着至关重要的作用。人这一生当中要接受三种教育,即家庭教育,学校教育和社会教育。而对一个孩子最重要的便是人生开始阶段的家庭教育。做父母的大都知道溺爱孩子有害,但却分不清什么是溺爱,更不了解自己家里有没有溺爱。溺爱,是一种失去"理智"、直接摧残儿童身心健康的爱。以下7种溺爱的形式是比较典型的实例,每个家庭可能都会遇到一些,我们要用合理的爱让孩子健康成长。家人对孩子过分的关爱照顾会造成很多孩子成长中的问题:

剥夺独立,包办替代。孩子穿衣、穿鞋、简单收拾家务等,这些最基本的事情家长都给孩子包办了。家长们认为,每天时间很紧张,没时间让孩子磨磨蹭蹭的自己干那些事,我们动手可以节省很多时间。从表面上和眼前看,包办代替似乎对孩子有好处,节省了父母等候的时间,但从长远看却剥夺了孩子实践的机会,使孩子身心得不到锻炼,无法独立生活。即使孩子长大一点有能力完成那些事,可能也没有养成习惯自己完成,也不愿自己去做,更不愿去尝试超出自己能力的事了。孩子懒散,大多也是来源于父母包办太多。

过分关注,特殊待遇。在不少独生子女家庭,父母往往都会辛苦工作,勤俭持家。舍不得给自己买东西,可是对孩子却很大方,孩子要什么都照给不误,也不太会教孩子节省。不管是物质上还是态度上,孩子接受到的都是"特殊待遇",处处受到照顾。如吃"独食",好的食品放在他面前让他一人独享从来不灌输分享的概念;做"独生",爷爷奶奶可以不过生日,孩子过生日得买大蛋糕,全家人送礼物……处处特殊照顾让孩子在家庭中处于特殊的地位,孩子成为呼风唤雨的"小皇帝""小公主"。时间长了,孩子可能会从自己得到的特殊待遇中总结出"我是特殊的人"的结论,这种幼儿就会以自我为中心,并容易变得自私,不懂得关心他人。

害怕哭闹,轻易妥协。孩子要什么就给什么,由于从小迁就孩子,孩子想达到无理要求时常常以"哭闹、睡地、不吃饭"来要挟父母。家长在公共场合，或是有外人在场的情况下，碍于面子想让事情尽早结束，往往会轻易妥协让步。长此下去，孩子会不懂得克制自己的欲望，更没有耐性去等待欲望实现的过程，导致越来越任性。父母的一味妥协只会让孩子抓住规律，越是有人在场，越是事多，一次次地迫使家长妥协。做什么事都要讲究一个原则，若家长能够坚持原则，孩子也会放弃无理的想法和做法。

过分保护。中国父母在育儿的过程中，经常会给孩子制定很多规则，为的是让孩子能听自己的话。孩子做得不好，或者没有按自己的要求完成，很多妈妈难以控制自己的冲动，会对孩子说狠心的话，但事后又为自己的行为感到自责和内疚。许多父母不自觉地做了焦虑型的父母，造成了孩子做事不专注，通俗地说，就是给予孩子过度的保护，有问题时又抱怨孩子，让孩子无所适从。

纵容懒散。纵容孩子饮食起居、玩耍学习没有规律。要怎样就怎样，睡懒觉，不吃饭，打游戏，白天游游荡荡，晚上看电视到深夜等。特别需要注意的是部分家长在小孩念小学时管教得很好，到了中学就对孩子放宽标准，殊不知中学时期正是孩子面临诱惑最多的时期，必须坚持原则。长期的懒散生活，必然使得孩子长大后缺乏上进心、好奇心，做人得过且过，做事心猿意马，有始无终。

过分控制。为了绝对安全，父母不让孩子走出家门，也不许孩子和别的小朋友玩。有的孩子慢慢成了"小尾巴"，时刻都不能离开家长。更有一些家长对孩子是绝对权威，强调孩子要听话，要服从，用各种清规戒律约束孩子，干预孩子的个人意志，防止和制止孩子的独立行动。家长对孩子频繁地发布指示和禁令，如不许调皮、不许闹、不许跑等。让他们不要动这不要动那，应该怎样怎样，这样容易使孩子丧失自信，养成依赖心理，缺乏独立思考能力。

当面袒护。有时爸爸管孩子，妈妈护着："不要太严了，他还小呢！"有的父母教孩子，奶奶会站出来说话："你们不能要求太急，他大了自然会好；你们小的时候，还远远没有他好呢！"事事以孩子中心，一旦孩子遇到困难或要求得不到满足时，他就会生气、大发脾气。这样过分"爱护"，不仅扼杀了孩子的独立生活能力和自信心，更容易使孩子变得自私，胆小娇气。

父母如何走出教育孩子的误区？

（1）提高自身，父母应加强学习，提高科学教育子女的能力，身教胜于言传，父母的一举一动，一言一行，无时无刻都在影响着孩子。家庭教育是在与孩子的朝夕相处中，成人处处以身作则，以自己榜样的力量去影响诱导孩子的发展，而不是以说教的方式来教育孩子。这种无声的潜意识教育方法，在孩子的幼小心灵中可以起到"随风潜入夜，润物细无声"的作用，往往比有声的教育作用更大。不要盲目追求短期教育目标，要严格要求自己，为孩子树立榜样。

（2）重视孩子习惯养成。孩子在家庭养成的行为习惯往往伴随他的一生，家庭中形成的良好品德和行为习惯，是孩子成就人生的基石。孩子年纪小，可塑性非常大，及早进行培养和训练是很容易的，效果也会很好。若等到孩子长大了，他们也习惯了"衣来伸手、饭来张口"的寄生生活，对家长已经依赖成性他们既没有自理、自立和自主的意识，也不具备这种能力，而现实生活又要求他们必须具备。到那个时候，才"临时"培养，"急来抱佛脚"，恐怕就来不及了。在培养孩子自理能力上，要注意给孩子自理活动的时间和空间，要认识到孩子自理能力的形成需要一个过程，做家长的是不能代替的。在孩子小的时候，做父母的就要在生活实践中，随时随地给他们灌输一种意识，让他们逐步形成一种观念，养成一种习惯"自己的事情自己做"。同时，还要分配给孩子一些力所能及的家务劳动，让他们在家里有存在感，需要意识到自己应该承担家里面的一部分责任，自己对家里是有贡献的。这对于培养他们的生活自理能力、增强自信，乃至对他们以后的生存和发展，都有非常重要而深远的实际意义。

（3）要正确对待孩子的要求教育孩子懂得满足。人都是有需求的，而且是多方面的，往往也是无止境的。对孩子的需求要具体分析，要以家庭的实际经济状况和有利于孩子身心健康为前提，不能百依百顺、有求必应，要教育孩子在物欲方面需知足。在满足孩子要求上，不妨来个"延迟满足"的训练，即孩子要什么东西不要马上就给他买，而应该推迟满足的时间，降低满足的水平，减少满足的次数。同时要让孩子知道，愿望的满足是有条件的，是要经过辛苦的劳动、艰苦的努力才能实现的，而不是随心所欲。

（4）与老人达成一致的育儿共识。要注重形成教育的合力，提高教育效果。孩子在教育中成长，家长的合力教育能使孩子成长得更好。如果做长辈的你这样教育，我那样教育，孩子该听谁的？因此，家长应树立"合力"教育的意识，要认识到教育孩子，力量只能合不能分，而且要把力量合在正确的教育思想和教育方法上。父母们应该与家里老人进行协商，达成育儿的共识，形成教育的合力，这样才能更有利于孩子的成长。

（5）要明确祖、父辈的育人职责，避免隔代溺爱　　教育孩子是父母的本分和义务，在家庭中要注意分清祖辈与父辈的教育主次。如果把家教工作比作球队，那么孩子是队员，父母是"主教练"，祖父母（外祖父母）是"副教练"或称"陪练"。这个不太贴切的比喻旨在说明，隔代长者虽然对孙辈有一定的监护、养育的责任，但它只能发挥辅助的作用，而不能超越自己的作用界限。父母也不能将养育孩子的责任完全推给老人，平日不管工作多么忙，都应挤出时间当好"主教练"，并注意学习如何用美好的思想、良好的道德、科学的方法来教育孩子，做孩子心目中最值得效仿的人。

（6）创建温暖的家庭环境。温暖和谐的家庭环境很重要，父母要加强与孩子的言语和情感交流，保证孩子在幸福的环境中成长。给孩子快乐和自由。快乐是一切灵感的起源。要想孩子快乐就必须给孩子减压，尽可能给他自由。当然，保证他们身心健康是最大的前提，就如同断了线的风筝虽然有了自由，但结局大家都能想到吧。家庭教育没有固定的模式，也没有一种方法适合所有的家庭，所有的家长都应该针对自己孩子的性格特点去"悟"，而"悟"的真谛就是"爱"，怎样教育孩子其实就是怎样去爱孩子，营造和谐的家庭氛围，共创孩子美好的未来！

而除了家庭教育自身的改变和科学的教养，幼儿园也应该和家庭联合起来，对幼儿教育方面会锦上添花。幼儿园班级家庭教育管理——是指班级保教人员运用专业知识，使家庭教养与幼儿园内的教养协调起来，明确共同目标，统一教养方法，从而优化幼儿园的保教环境。么，如何将两者有机结合，相互补充呢？我园多年来注重家园共育，做了一系列的探索与尝试，现与大家分享：

1. 幼儿园班级家庭教育管理的内容

（1）主动及时地与幼儿家长联系，交流幼儿园内、外的表现。幼儿教育，虽是家长和教师共同配合的教育，但孩子在园的学习教育主要靠教师来完成，教师不能一味的依赖家长，将本应该教师从事的工作全部推给家长，占用家长的时间，造成家长的负担。家长对家园共育的认知可能需要一个过程，在与家长的交往中也需要一段时间的磨合，教师要有耐心，有方法，慢慢取得家长的信任，才能争取到家长的配合，及时与家长保持交流，便于家长和老师了解孩子在学校和家里的情况。

（2）帮助家长创设家教环境与生活环境，营造幼儿良好的家庭氛围。可以通过家访达到有机结合和深层次的"共育"。家庭教育与幼儿园教育的结合不能单纯的靠以上的文体活动来完成，教师要深层次的挖掘家长资源，深入的了解幼儿了解家长，既要面向全体又要注重个体，加大家访的力度，准确的掌握幼儿的家庭教育状况，有针对性的对幼儿实施教育，让家庭教育与幼儿园教育相一致。作为家长也要主动的多和学校、老师进行沟通和商议，要有宽容的态度对待学校，对待孩子。

（3）向家长提供幼儿生活、教育常识给予指导，定期了解家庭教育的情况。通过举办家长培训班，提高家长的教育水平，提高家园共育的质量。幼儿园可举办讲座，邀请幼教专家讲课，也可由业务园长主持，但在实际中，教师就是家长眼中的"专家"。为家长召开培训班，需要教师不断丰富提高自己的理论水平，之前一定要通过家访、问卷等形式做好充分的准备工作。家长的受教育程度层次不齐，教师在培训时要言之有物，要有针对性和可操作性。

（4）宣传正确的保教思想，争取家长对园内班级管理的理解，使家长能自觉抵制。通过各种形式的宣传教育，让家长了解家园共育的意义。多年来，我园通过家长会、致家长的一封信、家园联系栏、家访、观看音像资料等形式，让家长了解幼儿园教育离不开家长参与、援助、配合，强化家长配合幼儿园教育的热情，激发家长援助幼儿园教育的行为。如定期召开家长会。每年新生幼儿入园前，我园首先要对新生幼儿家长召开家长会，主要向家长传达我园的办园理念，新生幼儿入园会遇到的问题，请家长谈谈自己对幼儿园教育的认识，对家庭教育的理解，和家长观看历年来园内家园共育的图文资料和展示家园共育的成果，让家长了解作为21世纪的合格家长，在教育孩子的过程中，必然要扮演着双重角色，既是孩子的第一任教师，寓教于家庭的生活之中，又是学前教育机构教师的亲密伙伴，与教师互动合作，协调一致地教育孩子。

（5）通过举行丰富的家园联谊活动，达到家园教育结合的目的。我园开展的家园联谊活动主要有：亲子运动会、亲子游戏、家园知识竞赛、家园主题活动、文艺演出、大班幼儿家长汇报会等。例如：在亲子游戏、音乐游戏、三八节的赞妈妈主题活动、幼儿夏游活动等等，让家长深入的了解幼儿园的教育模式，理解教师的工作性质，能够更加准确客观的评价自己孩子的成长情况，从而有针对性的实施家庭教育，大大提高了教育效率，也降低了家长投诉率。

2. 幼儿园教育和家庭教育结合中应注意的问题

（1）教师要明确责任，循序渐进。幼儿教育，虽是家长和教师共同配合的教育，但孩子在园的学习教育主要靠教师来完成，教师不能一味的依赖家长，将本应该教师从事的工作全部推给家长，占用家长的时间，造成家长的负担。家长对家园共育的认知可能需要一个过程，在与家长的交往中也需要一段时间的磨合，教师要有耐心，有方法，慢慢取得家长的信任，才能争取到家长的配合。

（2）教师要尊重幼儿，尊重家长。教师虽承担着孩子的教育任务，但这是国家赋予我们的义务。例如：我在大班第二学期接手了一个班，恰逢"六一"儿童节需要排练大型亲子节目，起初的动员并不顺利，邀请参加演出的家长总是不能出席，要么排练时心不在焉，我耐着性子坚持打电话一个一个叫，对他们的缺勤表示理解，对学动作慢的家长反复示范，最后当我们两个班的100名幼儿50名家长参加的大型歌舞完美的呈现给观众的时候，这个班的家长对我这个新老师肃然起敬，以后的家长工作就很顺利了，到毕业时，全班家长捧来鲜花表示感谢，我也非常感动。这件事更加让我坚信，要想别人怎样对待自己，自己首先要以同样的态度去对待别人。尊重别人就是尊重自己。

（3）举办的活动要有趣味性，家长乐于参加。开展亲子活动，既要考虑到幼儿的身心发展的特点，又要考虑到家长的兴趣，如果邀请家长来园就说说儿歌，"拍拍小手"，肯定是无法调动家长的参与热情的。教师一定要组织开展既要有趣味性，又要有技巧性的，参与性强的亲子游戏，而且最好需要有团队协作才能完成的游戏。每次邀请家长来参与的游戏应有所变化，每次每年家长来园都让家长扮演"老狐狸",唱着同一首歌,也是无法吸引家长再次参与的。

苏霍姆林斯基说过:"如果没有整个社会首先是家庭的高度素养,那么不管老师付出多大的努力,都收不到完美的效果。学校里的一切问题都会在家庭里折射地反射出来,而学校复杂的教育过程产生的一切困难的根源也都可以追溯到家长。"因此,幼儿教育仅凭幼儿园单方面的力量是不够的,必须把家庭、幼儿园结合起来,形成相互协作的局面。从而共同寻找最佳教育方法,以达到育人的目的。

二、幼儿园班级管理方法

要保证班集体中每个幼儿较自觉地接受生活教育管理,掌握一定的生活常规和知识技能,从而达到幼儿保教目标,教师必须掌握一定的班级管理方法。科学的班级管理方法是每个保教人员基本的工作技能,我们常把班级管理方法归纳成五种,即规则引导法、情感沟通法、互动指导法、榜样激励法、目标指导法。

(一)幼儿园班级管理的意义与内容分析

幼儿园班级管理的意义分析幼儿园班级管理主要是指幼儿园各班级中的幼教人员,通过计划、实施、总结、评估等一系列的过程,组织协调好班集体内的幼儿、财、物等,进而达到高效保育、教育的一种综合性活动。

而幼儿园班级管理也是展示幼儿园儿教学水平和管理水平的关键平台,从宏观角度而言,做好了幼儿园的班级管理工作,就能够有效地保证幼儿园整体管理教育水平的良好。而从微观角度而言,做好幼儿园园班级管理工作,具有以下几点现实意义:

1.幼儿在幼儿园的健康成长、和谐发展,与班级管理工作离不开关系。教师在班级中营造出如家庭一般的轻松、温馨氛围,能够让幼儿们尽快地适应新环境,并通过适当的管理与引导,使幼儿养成良好的班级常规,在集体活动中能和谐相处。

2.通过有目标、有计划的管理措施,使幼儿园班级的日常运行合理、规范、有序,进而对幼儿起到良好保育和教育作用。

3.教师通过有效的班级管理手段,以最少的物力、人力和时间,尽可能地使幼儿获得全面、合理的发展,进而整个班级呈现出积极、健康面貌。

幼儿园班级管理的内容分析幼儿园班级管理的内容主要包括,有人的管理、物的管理、事的管理三个方面：

1.人的管理。人的管理主要是指教师对班级中幼儿的管理与看护,除此之外,人的管理还涉及到了对教师、家长的管理。

2.物的管理。幼儿园班级管理中物的管理包括对生活、游戏、教学等方面所需物资的管理。

3.事的管理。幼儿园班级管理中物的管理主要有三大部分,第一部分主要是指对班级内教育教学、生活常规、游戏等内部常规事务的管理；第二部分主要是指对幼儿园内部大型事件、活动的管理；第三部分是指对家长、社区工作等方面的交流、沟通等。除此之外,事的管理还包括有信息、空间、时间等一些细节性的管理。

（二）规则引导法

1.规则引导法定义

规则引导法——是指用规则引导幼儿行为,使其与集体活动的方向和要求保持一致或确保幼儿自身安全并不危机他人的一种管理方法。规则引导法是对班级幼儿最直接和最常用的管理方法。其中规则是指幼儿与幼儿、幼儿与保教人员、幼儿与环境、幼儿与材料之间互动的关系准则。幼儿必须在这些规则下活动才能取得预期的效果。

在规则引导法中，所应用的规则主要是指幼儿与幼儿、幼儿与幼教、幼儿与材料、幼儿与环境之间互动时的一种关系行为准则。幼儿园班级管理当中所应用的规则引导法具有简单易行、连贯性强、重视情感沟通、实践性强等多种的优势。教师在应用时，以行为结果作为目标，规范幼儿的行为方式，引导幼儿的行为方向。同时教师需从行为的预期结果出发，引导幼儿自觉辨别自身行为的正确与错误。规则引导法的制定技巧幼儿不同于成人，其不懂得规则的意思，若无合理的引导，也不会自觉地遵守相应的行为规范，因此，制定规则对幼儿进行管理时，在保证规则科学性、有效性的同时，还需注意规则应用的合理性，保证规则不会对幼儿身心造成伤害。在对以上要素的考虑下，规则引导法的制定技巧，主要体现在以下几方面：

（1）内容明确而简单。幼儿园规则的制定，主要是为了规范幼儿的行业，进而便于教师的管理。但在规则制定时，也不能只以教师便于管理的角度考虑，还庆充分地尊重幼儿的心理与思维，尽量以浅显易懂的方式表达规则的内容，使幼儿能快速、充分地了解自己所要遵守的规则。

（2）应用必要且合理。在制定规则时，应充分地考虑到每条规则是否有必要，在满足规则必要性的同时，还需保证规则在应用时候的合理性。使规则能够促进幼儿的良性、健康发展，而不是制约幼儿的天真和天性。3尽力而为，不强迫幼儿。规则在制定后应用时，有些幼儿比较听话，容易遵守规则，但有些幼儿比较活泼，难以有效地遵守规则，这也导致了同一个规则在不同效果。这种现象下，教师不应该强迫幼儿一定要严格遵守某条规则，多站在幼儿心智不成熟的条度考虑，尊重幼儿各种稀奇古怪的想法，以满满的包容心、耐心、爱心对待幼儿，尽量合理地、循序渐进地引导幼儿遵守规则。

2.规则引导法的操作要领

(1)规则的内容要明确且简单易行。规则是一种约束幼儿行为的准则,所以遵守规则的过程也是幼儿行为规范化的过程。

确定幼儿园班级规则内容需注意三点:

1)规则的必要性,规则过多会造成幼儿无所适从或无法实践。

2)规则的量力性,规则不应超越至少不能过多超越幼儿的现有水平。

3)规则的参与性,规则的制定应充分发动教职工家长的参与,有些规则可以中大班幼儿参与制定,使更多的人知道规则的重要性、必要性及操作要领。

(2)要给幼儿创设实践的机会,使幼儿在活动中掌握规则。

1)规则的介绍必须结合实践活动,在情景中引出规则,活动中明白规则的具体要求,并懂得规则执行的意义。

2)有些规则要求教师在活动中进行示范。

3)有些规则在执行中出现问题,应及时与幼儿进行商讨、修正,以使规则真正具有科学性,并成为幼儿行为指南。

(3)教师要保持规则的一贯性,就是同一规则不能前后有变化,如果在特定情况下必须做某些变化,那也必须向幼儿说明变化原因。

1)坚持规则的一贯性还表现在一个规则必须在所有使用该规则的情景中都得到运用,而不是忽有忽无。

2)对每个人也应一视同仁,不能出现不公或偏颇。

3)只有做到规则的一贯性,幼儿才便于照章行事。

例:活动区规则制定如人数提示可以游戏卡、地毯边的小脚印,盥洗室。排队图标、音乐介入等等,都是引导幼儿遵守规则。可以免去许多语言提醒规则融入环境,可以使幼儿将暗示转化为具体行为。

例：幼儿需要常规，常规有助于幼儿自我调整，常规被打乱了幼儿会变得烦躁、很难控制。保持常规的灵活性和稳定性能给幼儿一种可以控制人生的感觉。压力会令幼儿烦躁、不讲理。常规能减少这种压力被扰乱的流程会增加幼儿破坏性行为，意料之外的事件带来的兴奋通常会导致幼儿的任性。让幼儿对流程的变化有准备，对即将发生的运动会的事情提前做计划。

规则引导法在幼儿园班级管理中的具体运用基于幼儿园班级管理的重要意义，将合理、有效的规则引导法充分地应用于幼儿园班级管理中便也显得尤为关键。

指导幼儿在实践操作中适应规则幼儿每天需要在幼儿园中生活学习6~8个小时，这漫长的时间里，教师在其中扮演着重要的角色，其通过对幼儿吃饭、睡觉、学习、游戏等方面的指导，使幼儿均能够在实践活动与操作中，学会适应和遵守规则。

教师应改变以往单一说教的形式，以及"不准这样"、"不准那样"的戒律，采用有趣的教育方法，让幼儿在看看做做中主动、自觉地学习。如在学习折餐巾的常规时，我采用"变魔术"的形式，先教幼儿擦完嘴巴后，再将正方形的毛巾变成长条形。请幼儿模仿我的做法，一会儿就学会了折餐巾。再如在进行点名这一常规和晨间入园时，请能力比较强的幼儿做示范，其他幼儿模仿他的做法，既增强了幼儿的自信，又培养了幼儿互相帮助的精神。这样幼儿在感性经验的基础上，就很容易掌握一些生活常规。

（三）情感沟通法

社会交往能力是个体在社会上立足和发展的根本，而作为个体发展的幼儿时期，在学前幼儿时期注重培养幼儿与人沟通交往的社会能力尤为重要。很多调查结果显示：有针对性的情感培养教育，对孩子日后社会交往能力，以及自身人格的健全发展具有重要作用。而按照新课程标准中关于幼儿教育方面的要求，新型的教育教学环境下，教师在教学方法和教学组织形式等方面都有很大的选择空间。通过深入的情感沟通、交流和多样性的教学方式，对幼儿日后的全面发展起到更好的促进作用。

1. 情感沟通法情感沟通法情感沟通法定义

情感沟通法——是指激发和利用师生间或幼儿间以及幼儿对环境的情感，以引发或影响幼儿行为的方法。幼儿的情感较成人外露，易受暗示和感染，所以教师很容易把握幼儿的情感特点，容易从幼儿情感着手，对幼儿的行为加以影响和引导，已达到管理的目的。

由于幼儿的身心特点，注定了教师在教学中会多与他们沟通及交往，在幼儿教育中采用的教学模式主要包括了教师与幼儿之间的交往以及幼儿与同伴之间的交往，可以将整个教学过程理解为幼儿与各个方面的交往过程。教师和幼儿之间的交往在整个课堂教学中占有非常重要的地位，当教师和幼儿形成了良好的交往，幼儿对教师形成了一定的认同感，双方良好的交往就会使得幼儿产生一种安全感和信赖感，这样也有利于形成和谐的课堂氛围。同时，幼儿之间的交往对于幼儿心理的发展也有着非常重要的作用，这些重要作用主要体现在：幼儿与同伴之间的交往使他们懂得了与同伴分享各自的生活经验，以及可以互相地模仿对方，这让他们在这种交往中得到快乐，同时对于幼儿社会交往能力的提升也有非常重要的作用。

在幼儿园教育中采用的教学模式也有利于发挥幼儿的主体性。交往的教学模式特别强调对于幼儿自主个性的发挥，要让幼儿在非常自由的交往环境中获得一种与人愉快的交往体验。在幼儿园的交往教学模式下，教师可以将幼儿与其同伴的交往做成一系列的活动，让他们在活动中体验交往的乐趣，通过交往幼儿也充分发挥了其自身的个性，教师可以通过对幼儿之间交往的情况对幼儿进行观察，这样就可以更好地依据幼儿的身心特点制定合适的教学策略。

2.情感沟通法观察分析幼儿不利于交际的性格形成原因

孩子们来到一个陌生的环境中,表现往往是不一样的。有的表现出热情大方,无拘无束,有的表现出胆小拘谨,无所适从,有的孩子不敢说一句话,还有的孩子甚至会怕得大哭起来。通过对孩子日常生活各个环节的观察和对家长的调查了解,我发现孩子内向的性格与婴儿期教育、家庭环境有着重要的关系。内向的原因主要有以下几种情形:有的家庭对孩子过于溺爱,孩子走不出过分保护的小圈子,由于过度关注与保护,对孩子的交往能力产生了不良影响;有的家长对孩子管教过严,限制约束过多,孩子言听计从,缺乏自信,不利于自我意识的形成,妨碍了交往能力的发展;有的家庭孩子由保姆、老人带养,与外界接触较少,缺少交往机会和经验;也有一些孩子因父母离异,缺乏安全感,对外封闭自我。绝大部分家长也已经认识到,他们希望孩子到幼儿园有所改变,他们认为,生活在幼儿园,较之家庭来说,有许多同伴在一起游戏、生活,他们年龄相仿,经验相似,容易形成平等、互助的关系,能真正体验到交往、合作的乐趣。对于刚入园的性格内向的孩子来说,教师应多注意细心观察,加强了解,有意识地给他们一些关心和机会,提供一些玩具、图书、食品等,让他们尽情玩耍、尽情享用,多做些集体游戏,让他们尽快适应周围陌生的环境,使他们逐步补上与同伴交往不足这一课。

3.情感沟通法情感沟通法在实施班级管理的主要着眼点

教师在日常生活和教育活动中,要观察幼儿的情感表现,发现幼儿情感产生和表达的特点,了解不同幼儿的情绪表达方式和情感需求,尤其应注意不同的情感类型对幼儿的影响。

(1)情感沟通法特别强调幼儿与幼儿情感方面的沟通。

(2)充分理解幼儿,掌握幼儿的心理发展规律是沟通的基础。

（3）教师必须非常仔细地清楚每个幼儿在班级活动中的情感需求，并采用恰当的方式：激发幼儿相应的情感，引发幼儿积极向上的行为。

教师要经常对幼儿进行移情训练。使幼儿从小就有站在他人的立场、角度理解他人情感的习惯和能力，并能从他人的困境、痛苦出发生助人行为。为幼儿今后进一步的亲社会行为的发展打好基础。

教师要保持和蔼可亲的个人形象，言行举止要表达自己积极而真切的情感，同时还要创设更多的情境，让幼儿处于丰富的情感世界里，使幼儿在愉快积极的气氛中活动交往，以提高活动的质量。建立平等、友好的师生关系，关注那些性格内向的孩子，让他们感受到老师的爱，性格内向的孩子，他们比其他孩子更会察言观色，更在乎老师对自己的态度。老师的一个友善的微笑、亲切的问候、充满爱意的抚摸都会让他兴奋不已。对待这样的孩子，老师最好蹲下来和他们谈话或交流，首先在视觉上给他平等的感觉，日常活动中给予他们更多的关心，尽量采用微笑、点头、肯定性手势、抚摸头、肩膀等身体语言和动作，用充满爱的、鼓励的眼神注视他们，创造较多的语言沟通机会，让这些孩子充分体验到老师的关心、老师的爱。教师如果注重交往互动的价值，对胆小、内向的幼儿充满爱心、尊重，善于用适当的方法接触和引导他们，实行双向交流沟通。那么，这些孩子对教师也亲近、信服，容易接受教育，敢流露自己的情感、自尊、自信，有一定的创造精神。那些自信心差、胆小畏缩、缺乏上进心的孩子，从老师的每一个眼神、每一个动作和每一句话中都感受到了老师的喜欢。

- 情感沟通法的基础是教师对幼儿的了解和爱。
- 了解幼儿需要教师有童心、有爱心。
- 幼儿的情感反应都是以幼儿的现实感受为基础的。
- 不要轻易判断幼儿的情感及相应的行为。而应把他与活动情景联系起来，这样对幼儿的引导才会有针对性，才能真正理解幼儿并被幼儿理解和接受。

例："老师他咬我"豆豆大声的哭着来告诉我。小宇的这个行为在他刚入园的这段时间里时有发生，他通常通过伤害或弄疼其他小朋友来表达或宣泄自己强烈的情绪。通过询问我了解到是豆豆先抢小宇的玩具所要无果，小宇就咬了豆豆的手。我针对各种情况的积极反应能教会愤怒的幼儿控制情绪，尽管积极的回应示范很难，但这对帮助幼儿学会控制情很有必要。如果幼儿情绪失控可以参考以下策略：

● 把幼儿带离让他感到受挫或情绪不稳的情境。

● 尽快让幼儿平复情绪、平静下来。

● 跟他谈论这种行为带来的糟糕后果，帮助幼儿站在他人的角度看待自己的行为。

● 在幼儿冷静下来后，告诉他恰当地表达愤怒的方式。了解原因，找到解决问题的方法。

● 积极观察幼儿，当他的行为表现积极时，要鼓励他，要在班级活动中及时表扬他的积极行为。

教师和幼儿之间积极、充分的情感交流，以及由此产生的心理氛围也是促进师生积极互动的必要条件，因为在积极的情感氛围中，无论教师还是幼儿更容易产生被支持感，互动的动机更强，往往会收到事半功倍的效果。正所谓"亲其师而信其道"。近来出现的情商理论也是基于人们越来越重视情感在生活和交往中的作用。此外在一日生活中为幼儿创造一个自由、宽松的语言交往环境，支持、鼓励、吸引幼儿与教师、同伴或其他人交谈，为幼儿提供人际间相互交往和共同认识的机会和条件，加以指导，为幼儿的探究能力创造宽松的环境等等形式，从而给每个幼儿一个想说、敢说、喜欢说和有机会说并能得到积极应答的环境，也

是建构积极、有效的师幼互动所必须的基本前提

培养学前幼儿社会交往与情感沟通能力的对策：

首先，幼儿园教学环境是培养幼儿社会交往和情绪情感的重要场所，因为今后幼儿的大部分时间都将在课堂上度过。因此，与学生建立良好并且深入的沟通，应该从课堂氛围的创设开始。通过合理布置，为学生创造一个更加美好与和谐的学习环境。立足于培养幼儿社会交往和情感沟通能力重要性的基础上，从幼儿园教学工作、家庭教育以及社会交往等多方面培养幼儿的交往能力和沟通能力。

其次，家庭环境也不可忽视，所以父母要给孩子树立良好的榜样。父母是孩子的第一位老师，作为幼儿发展过程中的重要影响力量，父母的教育观念和教养方式在一定程度上也影响着幼儿思维习惯、交往习惯的养成，是培养幼儿社会交往能力和情感沟通能力的重要力量。因此，在家庭教育中，父母要为幼儿创造相对快乐、和谐、文明的家庭氛围。

最后，在社会交往中，还应注意培养幼儿的亲社会行为，而移情又是幼儿亲社会行为的基础，幼儿很容易受到他人情感的影响，因此，成人要更加注意自己情感的变化，最好给幼儿表现出的是积极的，乐观向上的情感。一方面，父母要鼓励幼儿与同伴之间建立良好的、和谐的人际关系，比如，让幼儿邀请同伴来家里玩或者做游戏等等。为幼儿与同伴之间的沟通和交往提供一定的自由空间。另一方面，父母要支持幼儿与同伴之间建立良好的人际关系，这有利于幼儿与同伴之间的沟通和交往，让幼儿认识到正确的交往方式和沟通方式的重要性。培养幼儿的独立性，增进与人交往的能力。家长多带孩子去参加一些朋友聚会，增加孩子与他人交往的机会。

构建和谐的情感氛围，在幼儿园教育中，师生通常展开的平等交流活动就是

交往教学模式的具体反映。在这个过程中，最基本的前提就是要营造一种轻松愉快以及合作互动的氛围。幼儿教师为了营造出这种愉快的教育氛围以及教育环境，就应当努力地与幼儿建立起和谐的师幼关系，幼儿教师通过与幼儿非常亲切的交流，进而与幼儿之间形成一种非常亲近的关系，使得幼儿在幼师的教育下感到安全感和愉悦感。因此，幼儿教师在教学中一定要努力营造出一种非常轻松而又愉悦的课堂氛围，使幼儿在学习的过程中得到充分的发展。

社会交往和情感沟通能力对人一生的发展都具有重要作用，而在个体的一生中，幼儿阶段是培养其情感的最佳阶段，在幼儿时期培养这样的能力和品质，可促进幼儿在今后的各方面的发展，成年人要发挥其在幼儿发展中的重要作用，做好引导者和领路人，注重培养幼儿的社会交往能力和情感沟通能力，为幼儿今后的发展奠定基础。

（四）互动指导法

1. 互动指导的定义

互动指导法——是指幼儿园教师、同伴、环境等相互作用的方法，即班级活动过程就是幼儿同不同对象互动的过程。幼儿与幼儿教师之间的相互影响、相互作用的行为及其动态的过程，师幼互动贯穿了幼儿一日生活的各个环节，是幼儿园各项教育目标得以实现的重要保证，还是促进幼儿全面发展的关键性因素。

因此指导幼儿主动、积极地、有效地同他人交往是班级管理的一种重要方法。任何管理都是一个双向作用的过程，互动指导法是师生相互作用、相互影响有机结合起来的管理方法。教师应让幼儿在具体的活动情境中，掌握互动的基本方法、基本规则，学会对不同的对象采取不同的互动方式。对教师来讲，活动中如果缺乏幼儿的参与缺乏幼儿创造力的发挥，这样的管理往往事倍功半。过分强调幼儿自主，教师没有适当的指导，这种管理又是盲目的无秩序的管理。所以幼儿园班级管理要加强师生各自不同的作用，充分发挥他们的主体和主导功能。

2. 互动指导方法的运用要注意以下几点：

（1）教师对幼儿互动指导的适当性。

● 根据幼儿身心发展水平、个性特点及活动的性质和情境来确定。如何指导幼儿活动。

● 幼儿力所能及已反复进行多且没有新的影响因素的活动，教师可让幼儿充分自主的进行活动。

● 如果幼儿所从事的活动是幼儿首次进行，互动对象幼儿也不熟悉，那么教师的指导是必要的。

● 过多的指导会抑制幼儿的自主性、积极性。缺乏指导也会影响幼儿所从事的互动效果，甚至会造成不良后果。

寻找主题活动中的蕴涵目标作为区域互动环境的素材主题活动有其自身的优势。它可以对主题下的所有教育因素进行有机的整合，也就是跨学科整合的模式。其最终目标在于建构幼儿相对完整的知识体系。但主题活动也有很多局限性。它可能会更加注重活动的过程。而主题和环境是密不可分的,环境是根据主题而创设的,主题活动必须依靠环境才能更深入具体地开展。

以往我们的主题环境创设更像是一种成果展示。老师的确在鼓励幼儿参与,而这种参与形式对于而幼儿来说是被动的。也缺少相应的目标体现。 我们针对中班幼儿的目标化活动区的课程模式，在主题活动进行之初进行了一些尝试——将主题活动所蕴含的有价值的教育目标逐一分解，提炼出有利于用互动环境形式表现的目标并与各个区角对号入座。

这样做可以帮助教师正确把握幼儿年龄特点，对幼儿应该达到的目标要求有一个框架式的基本把握。也可以对区域互动环境的创设起到方向指导作用。

创设与主题相关的区域互动环境,能够帮助教师和幼儿在主题活动开展过程中更好的形成师幼互动。在多样化的环境中,每个幼儿都有可能自主地选择合适自己的玩具材料,各自寻找自己的"最近发展区",在原有基础上得到不同程度的提高。充满吸引力和挑战性的探索活动,锻炼了幼儿坚强的毅力,培养了他们坚忍不拔的品质。幼儿通过操作各个区域中的互动环境,他们把在日常生活中获得的知识经验放置特定的背景中加以整合,使独立的个体经验相互交融,从而不断形成新的经验和体验,改变了以往孩子谈一件事物都是零零碎碎、一点一滴的现象,幼儿对相关事物有了比较完整的认识。

（2）教师对幼儿互动指导的适时性。

● 在幼儿互动活动开展前的指导称之为事先指导。针对一些原则性行为和幼儿安全有关的行为,必须事前指导。

教师要能捕捉住随机教育的契机,并把教师的主题变为幼儿感兴趣的问题,从而把幼儿的探索兴趣引向教师要求的方向,也是师幼互动不可缺少的方式之一。比如教师发现幼儿对这一制作活动相当感兴趣,事后抓住这一教育契机又生成一节专门制作点心的活动,为幼儿准备了各种点心馅,有芝麻、豆砂、枣、葡萄……引导幼儿在动手操作中制作自己喜欢的点心,结果孩子们制作的点心各式各样。出乎教师的意料,最后教师又带领小朋友把制作的点心放入烤箱烤熟,让小朋友们吃到了自己制作的点心,互相品尝,分享了自己劳动的快乐在轻松快乐的氛围中让幼儿了解了蛋糕的制作过程,并教育他们爱护粮食,尊重炊事人员的劳动等收到了事半功倍的效果。

● 在幼儿互动活动开展后的指导称之为事后指导。为了让幼儿深切地体验和感受。

某些规则、做法,不妨让幼儿感受小小的失败,然后再进行指导让幼儿更深切的掌握某些互动行为和方式。

在积极的游戏中互动，提高游戏的评价实效，帮助幼儿逐渐发展并逐步独立。如：《喜羊羊与灰太狼》、《黑猫警长》等动画片，我们可以进行学生都很熟悉的一些片段表演，在角色游戏中，幼儿们最感兴趣的是游戏的规则及角色扮演得是否逼真，采取合作游戏的方式展开游戏，幼儿组织性和集体意识明显增强。、教师的指导要适时，并且抓住关键的时机。在很多表演比较好的时候，必须当即表扬孩子，因为该活动是由幼儿发起的，所以幼儿在活动实现的教育性目标，不是教师所能掌握的。幼儿喜欢独自游戏，自由结伴游戏，不需要也不愿意成人的干预，但这并不意味着幼儿不需要或不喜欢和教师共同游戏。我的经验是：当教师投入幼儿的游戏活动中，往往更能吸引幼儿，玩得更有兴致。因为幼儿年龄小、能力弱，游戏的玩法技能相对比较缺乏，教师的参与往往使游戏有更多的变化和情节的深化。但前提是教师此时是作为幼儿的游戏伙伴，是以平等的身份与幼儿共同游戏、共享快乐的。教师的童心、游戏心会使幼儿倍感亲切、自然、融洽，从而营造宽松和谐的游戏氛围，有助于教师更深入细致地观察了解幼儿，更有目的地开展教育影响。

（3）教师对幼儿互动指导的适度性。

教师的指导要有一个合适的度，不能过于笼统，也不能过于细致，应从特定幼儿的理解能力、行为水平等条件出发，加以指导和帮助。

教师要给足幼儿自由的时间与空间，提供丰富的材料，顺应幼儿的探索活动，是师生有效互动的方式。这一点可以通过我园"多元智能创意课程"研究过程中小二班的一次活动得到充分的证明，一次杨红玉老师组织班上幼儿"玩面"活动，幼儿在做搓、捏、团、压等各种

活动中，有的幼儿突发奇想，提出要做汉堡包，有的提出做饺子，而且立刻

成为大部分幼儿要求。这时教师马上跑到伙房要来了各种菜做成馅,给足了幼儿时间和空间,并提供了丰富的材料充分满足了幼儿的愿望,顺应了幼儿的探索活动和幼儿一起包饺子、做汉堡……

幼儿按自己的愿望自由选择材料,精心的制作,极其认真,整个活动都是在极其兴奋、愉悦和活跃的过程中进行的使幼儿身心得到了极大的满足。

教师不能把幼儿的指导都变成对幼儿的行为示范,使幼儿失去思考的机会。

例:角色游戏——小剧场,幼儿自主分配角色,选择节目顺序,老师来当观众,当一个胆小的孩子主动表演时,老师给她献上鲜花和掌声,鼓励她继续表演。幼儿的节目都是歌曲,老师以观众的口吻说:"今天剧场有舞蹈演出吗?"孩子们听到后马上有人回答:"有舞蹈金孔雀,下一个节目就是。"教师作为旁观者通过角色引导来影响幼儿行为,提高幼儿游戏的质量,师生互动有效促进发展。

(五)榜样激励法

有一种教育心理叫做罗森塔尔效应。1968年,美国心理学家罗森塔尔和吉布森等人做了一个著名试验。他们在一所小学随机挑选了几个孩子做智力测验,就通知所有人说:"这些孩子以后肯定是天才。"结果八个月后,当他们再对这些学生进行智能测验时,发现名单上的学生成绩比第一次进步了很多,教师也给了他们很好的品行评语。这个实验取得了奇迹般的教育成果,也说明了教育孩子,鼓励往往比其他方式更有效。

1.榜样激励法定义

榜样激励法——是指树立榜样并引导幼儿学习榜样以规范幼儿的行为,从而达到管理的目的方法。榜样的力量是无穷的,教师在班级管理中利用具体的健康形象和成功行为做示范来引导和规范幼儿的行为。

榜样激励法能让幼儿通过老师对幼儿的良好行为表现给予表扬和肯定，让幼儿有个榜样学习，其改变自己不好的行为习惯的一种教育方法。幼儿的辨别是非能力较差，但幼儿对老师的表扬和鼓励是非常重视的，因此，我们老师应利用幼儿的这种心理，及时肯定幼儿的良好行为，特别是对能遵守常规的幼儿要及时表扬，并鼓励其他幼儿像其学习，巩固，而逐渐养成良好的行为习惯。如：培养幼儿的自理能力，解决幼儿不愿洗手的坏习惯，老师可以让以养成洗手习惯的幼儿做示范、展示给幼儿看，在这基础上教师引导幼儿学会洗手，当幼儿洗干净后，老师及时给予表扬和鼓励，使幼儿有种荣誉感，逐渐养成饭前便后洗手的好习惯。

2. 榜样激励法的使用要领如下：

（1）榜样的选择要健康、形象、具体。

● 榜样应具备健康、具体、典型的形象。

● 幼儿能通过现实的感知和教师的介绍理解榜样的真实性、可贵性。

● 可以是幼儿身边的小伙伴，可以使幼儿熟悉的故事、人物、动物。

● 这些榜样的行为必须是积极向上的，幼儿经过努力可以达到的。

（2）班级集体中榜样的树立要公正、有权威性。

● 班内树立的榜样行为，要有目共睹是得到公认的。

● 榜样树立后要引导幼儿感知和了解，鼓励幼儿产生学习榜样行为的愿望并提供充分的表现机会。

● 教师对所有幼儿要一视同仁给予表现优秀行为的幼儿以公平的充当榜样的机会。激发全班幼儿形成良好的行为习惯。

● 班内的榜样不必是完美的，只是教师和幼儿对其某一行为的认可，从而鼓励幼儿在各方面争做榜样。

● 鼓励和引导幼儿会自己发现榜样并积极表现榜样行为。

（3）及时对幼儿表现的榜样行为作出反应。

● 榜样的行为不仅要在幼儿心理上产生共鸣，更重要的是要反映到幼儿的行动中去。

● 当幼儿自觉的以榜样的精神为动力，以榜样规范行为，做出良好的表现时教师应给予充分的表扬。是探秘感受到学榜样的益处，从而强化影响力。

● 教师没有点名的表扬或批评，既保护了幼儿自尊的需要同时又进行了榜样激励教育，使幼儿遵照榜样行为来行动。

赞赏和激励是促使孩子进步的最有效的方法之一。每个孩子都有希望受到家长和老师的重视的心理，而赞赏其优点和成绩，正是满足了孩子的这种心理，使他们的心中产生一种荣誉感和骄傲感。孩子在受到赞赏鼓励之后，会因此而更加积极地去努力，会在学习上更加努力，会把事情做得更好。赞赏和激励是沐浴孩子成长的雨露阳光。

（六）目标指引法

1.目标指引法定义目标指引法——是指教师以行为结果作为目标，引导幼儿的行为方向，规范幼儿行为方式的一种管理方法。从行为的预期结果出发，引导幼儿自觉识别行动正误是目标指引法的基本特点。教师可以通过制定目标，具体实施，完成目标等一系列行为，让幼儿明确目标的作用，并积极配合教师在教师的帮助下完成小小的目标，使孩子获得完成目标的成就感和幸福感，是幸福教育中不可或缺的手段。

2.目标指引法的使用要注意以下几点：

（1）目标要具体明确。

● 有明确的目标存在，幼儿才可能有行为的参照方向。

● 目标的设定不能过于复杂，目标数不宜过多，也不能过分抽象。

● 师生共同参与目标的讨论和制定，使目标在幼儿心中有个具体的形象，并了解为什么要实现这一目标。

（2）目标要切实可行，要具有吸引力。

● 目标的实现不能过于困难，而应适应幼儿的行为能力，适应幼儿的心理接受能力。

● 活动中要使幼儿时时感受到目标的存在以及目标的吸引力。

● 没有吸引力的目标，对幼儿来说失去了前进的动力，目标必须可行，能吸引幼儿做下去。

（3）目标与行为的联系清晰可见。

● 活动中幼儿通过注意、记忆、思维等心理活动时时纠正自己的行为，走向目标。

● 在解释或引导幼儿讨论目标时，要让幼儿意识到与完成这一目标相关的行为并努力去追求这种行为。

● 目标有个人目标和团体并努力将这两类目标结合，也就是个人行为与团体行为的联系与一致。

三、幼儿园管理实践策略

1. 实例分享

例1：当有个别幼儿出现问题时，不愿意来幼儿园、不和大家游戏。

幼儿园班级管理需要老师处理好个别幼儿的问题行为

当一种办法不灵时，试试其他办法。

有些幼儿反应很快，有些幼儿反应较慢，需要更多时间。处理幼儿问题时，尽可能与其家长沟通。

教师分享自己的经历有利于幼儿理解他们遇到的问题。

当幼儿还不能用语言描述自身的需要和担心时，他们需要成人示范如何表达自己的情感。

幼儿园以外的专业帮助有时也是必要的。

耐心和幽默是成功的幼儿教师所必备的特质。

例2：当教师观察到幼儿很难过的时候，可以试着这样做：

和幼儿谈心，确定原因。

告诉幼儿别人很难知道他为什么难过，让他用语言表达。

如果幼儿不能用语言表达自己的问题，猜测可能引起他难过的原因。

如果问题能够解决，告诉幼儿怎样做能减轻苦恼。

当幼儿冷静下来后，跟他解释每个人都会经历各种原因的难过，让幼儿说出他的事情，告诉他只有讲出来才能让听的人明白哪儿出了问题。

当教师观察到幼儿管理自己的情绪时，应给予积极的评价。

例3：有时候幼儿不能遵守班级常规或流程时，比较好动，不能长时间集中注意参加一个活动，听故事时也要走一走，可以试试下面的方法：请他再坚持"一分钟"

根据故事内容向他提出一个他能回答的问题。

让幼儿站起来活动下身体换个位置再坐下。

温柔触碰幼儿，提醒他再坚持一会儿。

做符合故事或活动内容的手势、声音吸引幼儿。

一起唱幼儿喜欢的歌。

例4：当幼儿在选择活动区游戏时遇到困难时，可以试试下面的技巧：

拉着幼儿的手跟他谈话，帮助他选择活动区。

邀请他加入你的活动

走到他喜欢的活动区，与那里的幼儿互动，待在那儿，直到那个犹豫不决的幼儿加入，或加入其他活动区

有时候，给他配个小搭档能帮助他对活动区游戏更有兴趣。

关注幼儿在各个活动区的活动，鼓励他待在最喜欢的活动区里。

如果幼儿比平常专注于活动的时间长，要给予认可和鼓励。

例5：当幼儿发生问题需要与家长沟通时，请考虑以下建议：

第一印象很重要，应表现出你很尊重他们，并把焦点放在幼儿身上。

如需要更多时间与家长个别交流，可以安排一个大家都方便的时间。

讨论幼儿行为问题时，隐私很重要，征求家长意见，了解他们对幼儿行为的想法。

停下来，给家长说话的时间，倾听和倾诉一样重要。

记住眼神交流也很重要，语调也同样传递信息。

如果家长提出要求或谴责，不要有戒心，先倾听，再回应。

用"我"的句式表达你对幼儿的关心。"当需求发生时，我感到 "，可以快速帮助到孩子，让孩子体会到老师对自己的关爱，更愿意和老师建立信任亲密的关系。

对很多家长来说，他们不愿意公开讨论幼儿的问题，愿意私下批评幼儿。

你并不总是对的，犯错也是正常的——但要及时道歉。

例6：当把幼儿的问题行为告诉家长时，家长可能会对你生气，教师需要做哪些准备来应对家长的愤怒，建议如下：

记住：家长通常有理由生气——因为我们有犯的错甚至自己都没意识到，有些日积月累的历史问题你都不知道。

倾听——不要打断他们或插入你的意见，不要辩解或抵触。

如果他们讲话很大声，你要温柔的讲话。

在回应之间停顿一下，慢慢地说。

不要低估问题，概括并反馈家长的担忧。

排解他们的抱怨，看是否还有其他原因让他们对现状不满。及时反馈，让家长知道你理解他们在说什么。

避免提出"为什么"的问题，这样会引起家长的抵触。

在处理愤怒时，你的角色不是解决问题，而是沟通。

强调建立互相信任。

愤怒通常不是由一件事情引起的，原因应该是幼儿和家长得到教师的关心太少了。

家长可以表达愤怒，但是你不需要一味忍耐，如果他们做的过火，可以晚些时候再联系家长为自己解释。

不要让家长的愤怒影响到你做事。

第四章 文化引领幼儿全面发展

引言

全面发展是素质教育的基本要求，也是教育追求的最终目标。素质教育要从幼儿教育开始。不同年龄段的幼儿其身心发展、智力水平、动手操作能力等方面都有着一定差异，因此，幼儿园教育更应该注重的是全面发展，培养德、智、体、美、劳均衡发展的幼儿，教育模式与教育实际相结合，幼儿教学应该从健康、语言、社会、科学、艺术五大领域对幼儿进行教育，为实现幼儿全面发展奠定基础。

幼儿素质教育是一种面向未来的教育.是基础教育的有机组成部分,是基础教育的奠基阶段,我们在实际工作中要转变观念,把素质教育落到实处.幼儿因素质教育是素质教育的基础,素质教育所重视的受教育者的身心品质的培养,都必须从可塑性极强的幼儿开始.幼儿期所获得的最基本的素质培养,对于人的一生的发展将会产生重大的影响.

幼儿园的全面发展教育在如今社会大背景的推动下显得显得格外重要。它不仅顺承了社会需求对人才选拔的趋势，也突出了基础教育在教育改革中的重要地位。全面发展、优质发展，促进幼儿基本能力的提高，是幼儿园所需要不断努力的方向，更是一种势在必行的趋势。幼儿园教育不同于中小学教育，因其特殊性，它既是基础教育的核心，也是全面教育的起点。

幼儿期是语言发展的重要时期，幼儿在运用语言进行交流的同时，也发展着人际交往能力、理解他人和判断交往情境的能力、组织自己思想的能力。幼儿的语言能力是在交流和运用的过程中发展起来的，教师应为幼儿创设自由、宽松的语言交往环境，鼓励和支持幼儿与成人、同伴交流，让幼儿想说、敢说、喜欢说并能得到积极回应。

幼儿的语言表达能力是一个不断完善的过程，从咿咿学语到顺口成章这也是一个不断积累的过程，在与幼儿的沟通中，教师应多给幼儿倾听和交谈的机会，引导幼儿学会认真倾听，对幼儿提要求和布置任务时要求他们注意听，鼓励他们主动提问，在沟通的过程中，我们要为幼儿创造说话的机会，鼓励他们大胆地说出自己心中的疑问、不开心的事情等，尊重和接纳幼儿的说话方式。无论幼儿的表达水平如何，都应该认真地倾听并给予积极回应。对一些自我封闭、心里有阴影或深受家庭影响的幼儿，教师应保证每天有足够的时间与他们交谈，关注他们每天心理的波动变化，避开他们敏感的话题，敞开心扉，把他们真正地融入到集体中去。

一、幼儿全面发展教育的含义

幼儿园全面发展教育是指以幼儿身心发展的现实与可能为前提。以促进幼儿在体、智、德、美诸方面全面和谐发展为终旨，以适合幼儿身心发展特点的方式、方法、手段加以实施的、着眼于培养幼儿素质的教育。在学前教育阶段讲幼儿的素质教育利用适合幼儿的方式，在教学生活中，使幼儿得到学习和发展。对幼儿实施全面发展教育是我国幼儿教育的基本出发点，也是我国幼儿教育法规所规定的幼儿教育的任务。体、智、德、美是人发展的基本素质。体育、智育、德育、美育是全面发展教育的有机组成部分。全面发展是针对片面发展而言的，偏重任何一个方面或忽视任何一个方面的发展都不是全面发展；全面发展并不意味着个体在体、智、德、美诸方面齐头并进地、平均地发展，也不意味着个体的各个发展侧面可以各自孤立地发展。因此，幼儿园的全面发展教育在保证幼儿体、智、德、美诸方面全面发展的基础上，全面发展并不意味着个体在各方面齐头并进地、平均地发展，可以允许幼儿个体在某方面突出一些。同时，应注重幼儿各方面发展的和谐与协调。

创造交往的机会，让幼儿体会交往的乐趣，发展幼儿的社会适应能力，在集体中适应的过程中找到适合自己的，自己会挖掘出乐趣，发展成自己突出的技能，使孩子受益终身。幼儿社会领域的学习与发展过程是其社会性不断完善并奠定健全人格基础的过程，人际交往和社会适应是幼儿社会学习的主要内容，也是其社会发展的基本途径。幼儿在与成人和同伴交往的过程中，不仅学习与人如何友好相处，也在学习如何看待自己、对待他人，不断发展适应社会生活的能力。

幼儿园生活也是一个个体不断融入集体的过程，各种性格、各种类型的幼儿融合在一起，正是因为个体之间的差异性才造就了集体的丰富多彩。幼儿之间在相互交往的过程中，教师不仅要观察双方交往的语言、动作，更要留心的是幼儿之间情绪的变化和动作的发展。有些幼儿可能会因为某些同伴的一句话就与其起争执或动起手来，双方争执的焦点可能就是一些很小的事情。但是教师此时的引导很重要，要让幼儿明白，理解并改变幼儿交往的方式，懂得在社会中和平相处，在良好的社会环境及文化的熏陶中学会遵守规则，形成基本的认同感和归属感。

在社会适应能力的形成过程中，教师的引导很重要，主动亲近和关心幼儿，经常和他们一起游戏或活动，让幼儿感受到与人交往的快乐。对一些性格腼腆、性格孤僻的幼儿教师要多创造交往的机会，让他们体会交往的乐趣。在一些问题的处理上，要关注幼儿的感受，保护其自尊心和自信心。

总结要点：

1.幼儿园全面发展是在幼儿体、智、德、美诸方面全面发展的基础上，允许幼儿个体实现自己有特色的发展。

2.幼儿全面发展教育应注重体、智、德、美诸方面的教育要相互渗透地进行，注重幼儿各方面发展的和谐与协调，各个方面不可各自孤立地发展。

【案例分析】语言领域大班的谈话活动——"伞"，其教学过程为：1、运用多媒体出示各种颜色、大小的伞，教师提问："你们看到了什么？"幼儿举手回答2、运用多媒体出示伞的象形字和"伞"字。3、教师提问："伞有什么作用？"幼儿讨论后举手回答。教师总结"伞可以为我们遮风挡雨，保护我们。"4、教师提问"在我们的生活中谁象伞一样为我们遮风挡雨，保护我们？"好朋友互相说说后举手回答。5、教师提问"我们怎样报答为我们遮风挡雨，保护我们的爸爸、妈妈、爷爷、奶奶呢？"幼儿讨论后举手回答。6、唱歌"我的好妈妈"结束此活动。2、讨论分析：运用幼儿园全面发展教育理论分析此活动组织得怎样？为什么？3、归纳总结：此活动组织得很好。此活动主要对幼儿实施智育，同时结合谈话内容对幼儿进行德育和美育，促进幼儿智、德、美诸方面全面和谐地发展。因此，体、智、德、美诸方面的教育要相互渗透地进行。

二、幼儿全面发展教育的意义

（一）对个体发展的意义

幼儿的全面发展具体来说应是幼儿的身心各方面和谐发展。幼儿的发展除了身体的、认知的、语言的发展，也应有社会性的、情感的、交往的和道德的等方面的发展。幼儿全面发展应是引导幼儿生动活泼、主动地发展的过程。教师设计的活动应符合幼儿的需要，让幼儿充分地活动、主动地活动，力求使幼儿的活动性贯穿于活动发起、进行和结束的全过程中，使幼儿的活动达到预期的目的且能充分发挥其创造性。幼儿的全面发展是与适应未来社会对人才素质的要求紧密关联的。培养全面发展的人才是时代的召唤和社会的需要，我们的幼儿教育应顺应社会的需要，在幼儿教育现有目标基础上渗透未来社会对人才素质的要求。家庭、幼儿园和社会应共同努力，为幼儿创设温暖、关爱、平等的家庭和集体生活氛围，建立良好的亲子关系、师生关系和同伴关系，让幼儿在积极健康的人际关系中获得安全感和信任感，不断发展社会交往能力、社会适应能力。发展幼儿的社会适应能力顺承了社会发展的需要，它也是幼儿园全面发展教育中最重要的课题。

鼓励幼儿大胆地进行想象、创造，培养幼儿发现美、感受美、创造美的能力。幼儿园教育的内容是广泛的、启蒙性的，要培养幼儿对艺术的喜爱，丰富他们的感性经验，激发他们表现美和创造美的情趣和能力。美在儿童的世界中没有固定的定义，正是因为他们好奇、他们童真，所以觉得好多东西都是美好的。一朵花放在耳边他们觉得美；一个蝴蝶结扎在头发上他们觉得美，自己的作品被教师评了一个大大的红花，他们觉得自信心十足……幼儿的世界被各种简单的美充斥着，他们觉得自己身在各种美的事物中自己也是十分美的，做事时的主动性和积极性都得到了很大的提高。

幼儿对艺术领域中的美虽然没有明确的定义，但是在自己的想象中和与同伴的交往中他们知道互相比"美"。在课堂上，教师可以给幼儿创造想象的空间与机会，例如，在美工课《秋天的色彩》这一课中，我鼓励孩子想象秋天的落叶怎样画会更美，秋天的天空怎样涂色会更加真实，幼儿会在教师的引导下不由自主地修改自己的作品，使画面变得更加真实、完美。所以，无论在教学中还是在社会实践中，教师要创造机会给幼儿足够的空间让他们去想象、去创造，在自我发现与自我总结中发现美、感受美、创造美。

素质教育理念下的儿童观就是以幼儿为本的新型的儿童观，即关注幼儿，尊重幼儿，赏识幼儿，发展幼儿，促进每个幼儿全面的、和谐的、可持续的发展。要尊重儿童是独立的个体、完整的个体、正在发展中的个体，人人都有成功的潜能。尽管他们还不成熟、不完善，但他们对现在拥有权利，教育者有义务培养他们成为学会合作、具有平衡人格的和谐的个人。

体、智、德、美诸方面的教育对幼儿个体发展的意义：

1. 体育：在幼儿个体发展中，生命的健康存在是幼儿一切发展的基础和前提。体育能促进幼儿身体的正常生长发育，全面增强体质，并为幼儿其他方面的发展奠定良好的、物质基础。

2. 智育：可以满足幼儿的认知需要，促进幼儿智力的发展，并为以后的学习打下良好的知识与智力基础。德育可以帮助幼儿适应社会生活，促进个性健康发展。智育对幼儿个体发展的意义。幼儿期是大脑发展最快的时期。

3. 德育：对幼儿个体发展的意义，目前我国社会处在大变革之中，经济体制改革和政治体制改革正在深入发展，在新旧两种体制交替过程中，来自各种渠道的信息，不论是先进的、积极的信息，还是落后的、消极的信息都会直接或间接地影响幼儿，由于幼儿知识经验贫乏。辨别是非的能力差，他们的意识、情感、行为等极易受客观环境的影响。因此要保证幼儿健康成长，必须加大早期德育的力度。

4. 美育：可陶冶幼儿的心灵，促进其审美能力和智力的发展。对幼儿个体发展的意义。美育通过艺术形象的魅力，潜移默化地感染和熏陶幼儿的心灵，使幼儿在感受美的同时，发展积极向上的精神和活泼开朗的性格，产生美好的情感和情绪体验。

（二）对社会发展的意义

幼儿阶段是各种能力不断发展与培养的关键时期，在社会环境的变化和产业发展的推动下，发展高素质的全面型人才是社会进步的一大趋势，而作为教育起点——幼儿教育，把幼儿的全面发展提升到一个新的领域，新的层次已是势在必行，打造德、智、体、美、劳均衡发展的全能型人才和开放式教育将是我们不断努力的方向和目标，幼儿园教育也会在这种全新的模式下开辟一方更广阔的天地。

幼儿的全面发展能使幼儿主动的参与各项活动，有自信心，在人际交往方面，乐意与人交往，学习互助、合作和分享，有同情心，理解并遵守日常生活中基本的社会行为规则，能努力做好力所能及的事，不怕困难，有初步的责任感，爱父母长辈、老师和同伴，爱集体、爱家乡、爱祖国。

幼儿体育有利于提高全民族的身体素质。幼儿的健康水平从一定程度上影响着一个国家和民族的健康水平。重视幼儿体育有利于提高全民族的身体素质。

幼儿智育能为提高社会的文化科学水平奠定基础。对社会的意义。智育是社会发展的催化剂。幼儿的智力发育直接影响今后的学习和工作，因此在幼儿时期的智力开发和训练目前已经较其他素质得到家长更多的认可，家长们和老师也更注重幼儿的智力教育。

幼儿德育是社会主义物质文明建设不断发展的保证。对社会的意义，。今天的幼儿是未来社会的主人，他们将来的思想品质和道德素养将会在很大程度上代表未来社会的文明程度，将会对我国未来的社会风貌、民族精神产生不可估量的影响。对年轻一代心理品质的新要求必须从幼儿期开始培养，在人生初期就进行这方面的教育，正是幼儿德育对未来的责任。

幼儿美育，促使幼儿形成健全的人格，能为提高全民族的素质打下了基础。

对社会的意义。美育是培养人的精神面貌的。总体系中的一部分，人的高尚的道德情操和道德行为与对美的追求常常是统一在一起的，美育是建立一个文明、美好的社会不可缺少的部分。对幼儿实施美育，促进幼儿形成健全的人格，这就为提高全民族的素质打下了基础。因此，幼儿美育是社会精神文明建设的组成部分。

在幼儿的发展中，体、智、德、美四育具有各自独特的作用，具有各自不同的价值，不能相互取代。几个方面统一于幼儿个体的身心结构之中，体、智、德、美任何一方面的发展都与其他方面的发展相互促进、相互渗透、相互制约，不可分割。对幼儿的全面发展来说，不能偏废任何一方面，任何一方面的偏废都将影响其他方面的发展。

【观念辨析】"体育不好出废品，德育不好出危险品，智育不好出次品"

归纳总结：体、智、德、美各育，虽然在人的全面发展教育中起着相对不同的作用，但它们作为人的发展的各个方面的素质，是统一于一个人身上的，所以，体、智、德任何一方面的发展都与其他方面的发展相互促进、相互渗透、相互制约，不可分割。体、智、德、美四育应融汇在一起，形成一种整体教育力量，落实在幼儿的全面和谐发展之中。

三、幼儿体育培养

（一）幼儿体育的概念

体育：广义概念——泛指人类社会的各种体育活动。

狭义概念——专指在教育机构中进行的、保证受教育者的身体正常发育的一种有目的、有计划、有组织的教育活动。

幼儿体育：在幼儿园进行的、遵循幼儿生长发育的规律、运用科学的方法，以增强幼儿体质、保证幼儿健康为目的的一系列教育活动。

幼儿体育的目标：

幼儿体育旨在促进幼儿身体正常发育和机能的协调发展，增强体质，培养良好的生活卫生习惯和参加体育活动的兴趣。保护幼儿的生命与健康，促进幼儿身体的正常生长发育和机能的协调发展，培养幼儿良好的生活、卫生习惯；锻炼幼儿的身体，发展基本动作，增强体质，培养幼儿对体育活动的兴趣。

（二）、幼儿体育的内容：

1. 做好卫生保健工作：

（1）建立良好的生活环境。

（2）制订、执行合理的生活制度和卫生保健制度。

（3）培养良好的生活卫生习惯。

（4）增强自我保护意识。

（5）重视幼儿的心理健康。

2. 积极开展体育活动

幼儿园体育活动的内容包括：

（1）.体育游戏

（2）.基本动作练习

（3）.基本体操

3. 幼儿体育的实施

（1）幼儿园体育实施的主要途径：

创设良好的生活环境

科学护理幼儿的生活

积极开展各项体育活动（如早操、专门组织的体育活动、体育游戏、户外体育活动等）

专门的体育活动与日常活动相结合　幼儿园要重视各种体育活动，特别是户外体育活动，每天应保证幼儿至少有2小时的户外体育活动时间。

（2）幼儿体育应注意的问题：

2.1 锻炼与保护并重，注重幼儿身体素质的提高

2.2 培养幼儿对体育活动的兴趣和积极态度，为养成幼儿终身锻炼的习惯打基础

2.3 专门的体育活动与日常活动相结合

那么我们幼儿体育的最终目的是什么？衡量一个人体质好坏的主要标志是什么？对照此标准评价自己的体质。体质即人体的质量，是人体在体格、体能、适应环境和抵抗疾病能力等各方面表现出来的相对稳定的特征，是身体发展状况的综合表现。衡量一个人体质好坏的主要标志有三：

（1）体格，人体的生长发育、体形和身体姿势

（2）体能：包括生理机能（人体各器官系统工作的能力，如脉搏、血压、肺活量等指标）、身体素质（身体活动的速度、灵活性、柔韧性、平衡能力、耐力等）、身体基本活动能力（走、跑、跳、投掷、攀登、钻爬等基本动作）。

（3）适应环境和抵抗疾病的能力

提问：在幼儿园教育中哪些活动是体育活动（学生交流或看书后说）如：对幼儿进行安全教育、注意吃饭卫生的教育、各种体育游戏、户外活动等

幼儿体育的目标是：促进幼儿身体正常发育和机能的协调发展，增强体质，培养良好的生活卫生习惯和参加体育活动的兴趣。

（三）幼儿体育的内容：

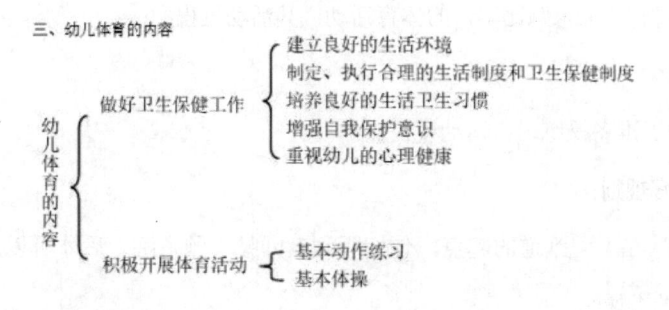

```
               ┌ 三、幼儿体育的内容  ┌ 建立良好的生活环境
               │                  │ 制定、执行合理的生活制度和卫生保健制度
               │        做好卫生保健工作 ┤ 培养良好的生活卫生习惯
 幼儿体育的内容 ┤                  │ 增强自我保护意识
               │                  └ 重视幼儿的心理健康
               │
               └        积极开展体育活动 ┌ 基本动作练习
                                      └ 基本体操
```

（四）幼儿体育的实施

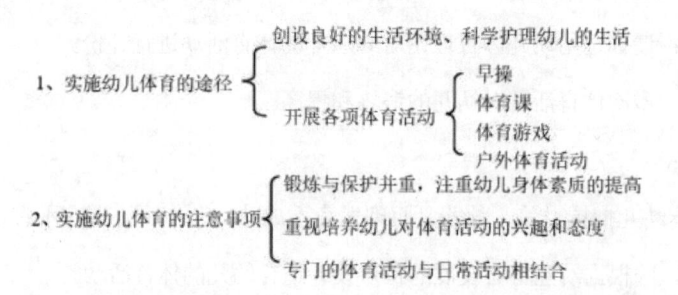

```
                           ┌ 创设良好的生活环境、科学护理幼儿的生活
 1、实施幼儿体育的途径 ┤                  ┌ 早操
                           │        开展各项体育活动 ┤ 体育课
                           │                  │ 体育游戏
                           └                  └ 户外体育活动

 2、实施幼儿体育的注意事项 ┌ 锻炼与保护并重，注重幼儿身体素质的提高
                              │ 重视培养幼儿对体育活动的兴趣和态度
                              └ 专门的体育活动与日常活动相结合
```

要记住掌握观念：

1.幼儿体育的主要目的不在于让幼儿掌握体育的技能技巧，而在于通过体育提高幼儿参加体育活动的兴趣和发展基本活动能力，促进其身心健康成长。

2.提高幼儿身体素质，是幼儿体育的重中之重，幼儿身体素质的提高主要在于体质的增强，幼儿园体育应以增强幼儿体质为核心。

3.幼儿适应环境能力和抵抗疾病能力的强弱是衡量一个人体质好坏的主要标志。每天应保证幼儿至少2小时的户外体育活动时间。

4.培养良好的生活卫生习惯的形成，仅仅靠体育锻炼是不能实现的，还必须通过日常生活中的培养和训练。

【案例分析1】

幼儿园中班进行"50米跑比赛"的体育活动，其活动过程为：

一、活动身体：

1. 队列训练 2. 准备操练习：运动模仿操

二、讲解比赛规则：

全班小朋友站在不同跑道的起点，你们听到老师喊"预备跑"后才可以跑，看哪个小朋友跑的得最快

三、比赛开始，老师鼓励跑得快的小朋友，指责中途停止跑步的孩子

四、教师总结评价

讨论交流：请你运用幼儿体育理论对此老师的体育活动进行评价。

归纳总结：本次体育活动对幼儿的锻炼和提高。+

总结要点：

（1）由于幼儿抵抗力差，骨骼、肌肉发育不成熟，动作不协调，不宜进行爆发性肌肉活动，因根据幼儿身心发展的特点设计适合幼儿的体育活动。

（2）设计时要注重激发孩子参加体育活动的兴趣，不在于让幼儿掌握体育的技能技巧。

【案例分析2】

1. 看课例光碟：小班体育活动"小乌龟爬"

2. 小组分析讨论：运用幼儿体育相关理论分析：此体育活动达成了什么目标？进行什么内容的体育活动？此体育活动哪方面做得好？

3. 归纳总结

总结要点：

活动达成的目标：会两手两膝着地爬，四散爬，绕过障碍物爬；乐意参加爬行活动，体验活动的愉悦。

体育活动的内容是发展幼儿钻爬动作 重视培养幼儿对体育活动的兴趣和态度

【案例分析3】

1.某幼儿园进行全园体操比赛，各年龄班参加，并评出一、二、三等奖，届时请家长观看。各班老师为了获得奖励，给自己脸上贴金，获得家长的赞赏，各班老师每天花大量时间训练幼儿的体操，每天的户外活动都用于训练，训练时，老师对做操认真符合要求的孩子进行表扬，对做操不认真不符合要求的孩子进行呵斥、责备、惩罚。导致有的孩子不愿上幼儿园。

2.小组分析讨论：此幼儿园的做法是否合理，为什么？提出改进措施并进行模拟实践操作。

3.归纳总结，总结要点：

幼儿体育的主要目的不在于让幼儿掌握体育的技能技巧，而在于通过体育提高幼儿参加体育活动的兴趣和发展基本活动能力，促进其身心健康成长。

幼儿园体育不能把目光盯在技能技巧上，更不能为比赛、表演为自己争荣誉的目的而伤害孩子的身心。

"开展丰富多彩的户外游戏和体育活动，培养幼儿参加体育活动的兴趣和习惯，增强体质，提高对环境的适应能力。"蒙台梭利曾强调指出："体育不仅有助于幼儿的身体发育和健康，而且有助于锻炼幼儿的意志和发展幼儿之间的合作关系。"可见，多样的体育器械是幼儿户外活动的有力保障。贫困地区幼儿园受自然条件、经济、意识等方面的制约，没有条件给孩子提供充足的户外玩具和器械，我们根据幼儿年龄特点探索一种器械的多种玩法，使"一物多玩"发挥最大教育价值的能力。

1."一物多玩"激发幼儿探索兴趣

苏霍姆林斯基说过，"在人的心灵深处都有一种根深蒂固的需要，就是希望自己成为发现者、研究者、探索者,而在儿童的精神世界中,这种需要更为强烈。"幼儿喜欢活动,游戏材料是激发幼儿积极性的最基本的前提,只有以幼儿感兴趣的方式使用活动材料,才能维持幼儿的兴趣,才能让幼儿在快乐中学习与运动。

首先,选择幼儿感兴趣的器械。器械的多功能性,安全性,可变性、可重组,蕴含着多种多样的玩法,充盈着丰富的探索空间。如球、呼啦圈、绳、泡沫、沙包、轮胎、分盘、尾巴等,都是可以创造性的老器械新玩法。我们在熟悉各种活动器械的功能和掌握其技能后,开发挖掘其新的玩法,引导幼儿创造性地一物多玩。我们用"呼啦圈"练习跳圈,引导孩子玩开火车,抛圈、绕圈、荡圈、钻圈、踩圈、转圈等一系列新颖的玩法。开展泡沫运动,"我们可以把泡沫当做垫子听教师讲课"引导孩子在平放的垫子上玩出各种垫上动作的同时,问,"除了把垫子平放在地上玩,还可以怎么样玩"引导孩子泡沫板垒高叠放,玩出各种翻爬、跳、跨栏的动作,引导孩子滚轮胎,跳轮胎,钻轮胎,抬轮胎,不同的玩法发展了不同的动作和能力,在鼓励幼儿一物多玩的同时,用暗示启发或共同参与的引导方法,帮助幼儿创造出更多的玩法。

教师是幼儿学习的引路人、点拨者,教师没有直接教给孩子一些玩的方法,只是抛出了几个关键性的问题,但每个问题,都调动了幼儿继续主动参与活动的动力。激发了幼儿强烈的探索欲望,培养了幼儿的探索精神和探索能力。

2. "一物多玩" 培养幼儿发散思维

幼儿的创新意识与创新能力在幼儿的一日活动中皆能培养,体育活动中也能充分的培养,特别是在一物多玩中,尤其能够体现。我们小班体育活动就是一物多玩,因此在每周的活动中,我们都注意让孩子自己玩,玩出花样。教师在选择器械中应根据幼儿年龄特点选择户外玩具器械。活动中,或设计丰富生动的游戏，或赋予有趣的情节，或营造竞争氛围，使运动器具和材料都"活"起来，使孩子们从"模仿学习"走向"探索学，从"被动运动"走向"主动运动"使孩子们在自己感兴趣的活动中，充分体验着快乐。

一物多玩活动的前提就是所选的材料要可变化、可重组，蕴含着多种多样的玩法。充盈着丰富的探索空间。为激发幼儿对体育活动的兴趣，我们要求家长为幼儿都做了一个布飞盘，并引导幼儿不断创新玩法，飞盘用海绵做芯，外面包上了色彩、图案各异漂亮花布。柔软鲜艳的布飞盘一下吸引了孩子们。户外活动时，他们双手握着飞盘，在胸前转动，嘴里发出了嘀嘀声。小司机开着小汽车、出租车、公共汽车，玩得可开心了。孩子们不断地用自己的经验和方式玩着飞盘，顶着、夹着、踩着、抛接着……游戏中虽然使用的是一种玩具，但由于游戏内容的运动量有所调整，孩子们仍然体力充沛，玩得兴致勃勃。通过对飞盘游戏价值的挖掘，我们提供给孩子们的飞盘能走着玩、跑着玩、跳着玩，也能在平衡游戏中玩。能发展孩子的不同动作，也能调整孩子的运动量。看着孩子们对我们改制的玩具爱不释手，作为老师，我们心里充满了满足感。一个简单的布飞盘，在小班的孩子手里就可以玩出那么多的玩法，在孩子动作协调发展的同时也是他们的创新能力与创新意识得到了发展。确实让幼儿在活动中进行了探索，不仅身心得到了健康发展，同时师生互动，增强了师生之间的感情，从中得到了心理上的快乐，使幼儿能与自己愿望进行游戏活动。

例如"小兔拔萝卜"等游戏运用的就是一个用海绵做成的大萝卜，而由于每次游戏角色、情景不同，大萝卜不仅让幼儿的视觉给了相当高的分数，还使幼儿尝试了多种玩法，并不断带给小朋友一次次新的快乐。随处可见的报纸，或团成纸球，或搭成山洞，可以迎风跑，还可以变成纸棒跳过来跳过去。又如幼儿日常生活中经常能接触到的靠垫，也是一个非常有趣的活动材料。幼儿通过尝试，想出了多种玩法，把靠垫摆在地上当"石头"玩跳跃游戏，夹在腿间当"袋鼠"跳，顶在头上当"飞机"练习平衡，抛到空中玩抛接游戏，放在背上当"小乌龟"练习爬……在广阔的创造空间中，幼儿的发散性思维大大得到提高，并在积极自主的活动中充分体验了活动的快乐。

3. "一物多玩"开启幼儿创造能力

创造是素质教育的核心，创造性是人的一种最宝贵的高品位的素质。理想的创新教育应该使每一个受教育者的创新精神、创新能力、创新道德都得到提升。教育家陶行知曾明确指出，"只有创造的教育，才是真教育"。孩子自身不仅有创造的潜能，而且也有创造的需要。利用一个小小的东西，幼儿发挥想象，想出不同玩法。如一块普通的彩色垫子。我没有告诉他们这个玩具叫垫子，从而避免了因名字限制幼儿的想象，随后我也没有教孩子应该怎么玩而且鼓励幼儿自己寻找玩法，并给了幼儿充分的探索时间，对孩子的别出心裁给与肯定。幼儿利用它一个人玩飞盘，锻炼了孩子的手臂力量，两张垫子拼出一个跨栏，学习刘翔跨栏，三张垫子拼在一起做成一张椅子，玩"抢椅子"游戏，让幼儿听信号速走，在铃鼓声中进行各种速度的走、跑、倒着走，这些小游戏可协调思维、听觉、视觉和动作的一致性，同时培养幼儿的注意力和反应能力，5张垫子拼成一个机器人的头，套在小朋友头上，玩"瞎子摸鱼"的游戏，6张垫子拼出一个大的正方体，两人互抛互接，一群人一起抢"绣球"，几个正方体放在一起玩。垒高游戏，在正方体上写上数字，又变成骰子，几个小朋友玩"跳房子"游戏，很多张垫子合作拼出一条小路，练习乌龟爬、猴子爬。锻炼了手脚协调能力。

马斯洛认为，在创造能力的激发阶段，创造者忘记了自己的过去和未来，只生活在此时此刻，他完全沉浸、陶醉和专注于现在的时刻和眼前的情形，倾心于现在的问题。幼儿在探究的过程中，教师通过仔细观察，及时肯定幼儿的探索创新，并在肯定的基础上给予恰当好处地点拨引导。但是不能以此评判幼儿的游戏进行得"好"与"不好"。孩子拥有不同的生活经历和体验，因而他们在游戏中的表现不尽相同。对孩子来说，只要他们能够专心致志地沉浸在自己的游戏之中，就应当判断他们在很好地游戏。教师是幼儿活动的支持者、合作者、引导者，围绕幼儿的兴趣展开活动，为他们提供合作交流的机会，支持、鼓励幼儿间的相互学习与大胆创造，发展幼儿的潜能。

4."一物多玩"活动组织有效策略。

不同年龄、不同性别的幼儿在掌握技能时，有着个体之间的差异。教师应根据这种差异，对幼儿实行分层户外活动中的"一物多玩"，激发和培养了幼儿的活动兴趣，提高了幼儿参与体育活动的积极性和主动性，在一物多玩中，他们的合作精神、集体意识及交往能力都得到了发展，也培养了幼儿不怕挫折、勇于竞争、勇于创新的良好品质，力求实现教育价值的最大化和最优化。作为教师应具备对幼儿施加正确教育影响的能力，充分的了解幼儿的年龄特点和个性发展。用符合幼儿年龄的情景、温和的态度、亲切的语言接近幼儿，取得他们的信任。在户外活动中，特别是在作有挑战性的动作练习，如顶沙包、都及时出现在幼儿的身边抚、慰和保护幼儿，消除幼儿不安心理，鼓励幼儿大胆尝试并在成功时给予赞许，失败时给予安慰，让幼儿在心理上得到归属感、安全感，还要用积极上进的情绪感染幼儿，引导他们体验活动的乐趣。但对于胆怯、孤僻应不急于要求参加活动，可以允许在一旁观看，寻找适当的机会让幼儿慢慢过渡到参与活动。同时，教师要向幼儿传递知识、示范技能、表现行为

时会得到幼儿的积极反映，从而有成就感，进而又会反过来将这种积极情绪传递给幼儿，激发幼儿的积极性，会在幼儿用各种形式向教师反映困惑和喜悦或想引起教师注意、支持、安慰、同情时，敏感地捕捉这些信息，及时的满足幼儿

的需要，使互动顺利进行，同时还会充分借助环境来引发互动即通过幼儿直接作用于中介物而获得教育影响，教师只是间接影响互动过程。例如：练习自然挥臂投掷的游戏"小猫捉老鼠"中，教师提出问题"小猫怎样才能把老鼠扔得远远的"并给幼儿充足的时间练习，最后再组织幼儿讨论、演示、互相学习，使得每位幼儿都有表现自我才能的机会，而幼儿在表现自我得到满足时，也鼓动起活动的动力。在一物多玩中，幼儿在活动中可自由进入独立，或合作地进行尝试或自由的进行探究，教师尊重和关注幼儿的个性活动方式，发现和肯定幼儿的创新思维并观察分析孩子的兴趣和需要，在孩子求助时给予适当的启发与合作，让幼儿感到游戏的乐趣。

"以儿童为本"的思想主张为每个幼儿提供探索活动的机会和条件，应善于发现幼儿的兴趣，尊重幼儿的兴趣。在一物多玩中，我们就能为孩子的创新意识与创新能力的发展奠定坚实的基础。通过实践，我们感到"一物多玩"对于开展幼儿园的体育活动具有很强的可行性，对幼儿创造力的发展发展具有积极的促进作用，全园的老师们也会在此基础上继续探索、研究，让我园的健康方针更加全方位、系统的实施与应用，让我园的幼儿更加完整的发展。

四、幼儿智育培养

（一）幼儿智育的概念

1. 幼儿智育的概念

智育是指有目的、有计划地使受教育者掌握系统的科学基础知识和基本技能，促进受教育者智力发展的教育过程。

幼儿智育就是有目的、有计划地增进幼儿对周围环境的认识，获得粗浅的知识和技能，发展智力，并培养其认识活动兴趣和良好的学习习惯的教育过程。

知识、技能与智力的关系：

区别：知识是人们在改造世界的实践中所获得的认识和经验的总和。技能是人们运用知识和经验执行一定活动的方式。智力是指人认识事物的能力，包括观察力、注意力、记忆力、思维力、想象力和创造力等要素，其中思维能力是核心。

联系：知识、技能是智力发展的基础，智力发展是获得知识、技能的必备条件。智力发展水平的高低影响着对知识、技能的掌握。智力又是在掌握和运用知识、技能的过程中得到发展的。

2. 幼儿智育的目标

（1）培养幼儿的学习兴趣和求知欲望。

（2）引导幼儿学习周围生活中的粗浅知识，形成对一些事物的初步概念。

（3）发展幼儿智力。

（4）培养幼儿的口语表达能力。

3. 幼儿智育的内容

（1）保护和促进幼儿的学习兴趣，培养幼儿的学习主动性和良好的学习习惯。

（2）培养幼儿的感知能力和动手操作能力。

（3）引导幼儿学习周围生活中初步的知识与概念。

（4）发展幼儿的语言运用能力

（5）发展幼儿的语言运用能力包括三个方面：

1) 发展幼儿运用口头语言进行交往的能力。

2) 发展语言理解能力。

3) 发展语言表达能力和思维能力。

4.幼儿智育的实施

（1）创设适宜的学习环境，提供多种多样的学习材料以激发幼儿的获得兴趣。

（2）组织多种多样的具体操作和实践活动以促进幼儿智力的发展。

（3）利用一日生活中的各种生活情景引导幼儿学习和思考。

（4）引导幼儿应用语言来表述和归纳自己所获得的经验。

【案例1分析】

1.我曾在幼儿园小班组织过这样一次科学领域的教学活动——"观察蝌蚪"。活动是在一种很自然的状况下进行的，当孩子们还在走廊上玩时，我告诉他们活动室里放了几只大塑料盒，你们可以去看一看里面有什么。孩子们觉得很奇怪，纷纷跑进活动室围在几只塑料盆旁。"小蝌蚪，小蝌蚪"孩子们欢呼起来，我边巡视边倾听孩子们的谈话。

几分钟后我让孩子们站起来围在我的身边，谈一谈看到的情况。他们争先恐后地将自己观察到的现象说了出来："小蝌蚪是黑颜色的。""小蝌蚪有一个椭圆形的大脑袋。""小蝌蚪的头和身体是连在一起的。""小蝌蚪的尾巴是细细小小的。""小蝌蚪在水里玩游戏。"我肯定大家都说得很对，并用儿歌的形式将孩子们说的内容连在一起，小蝌蚪，真奇怪，细小的尾巴黑脑袋，一会儿上，一会儿下，游来游去真可爱。"孩子们听了很高兴，并和我一起念了起来。我接着又问，你们还想不想看一看小蝌蚪在水里干什么呀?小朋友们早就被小蝌蚪那灵活多变的动态所吸引，一听我说这话马上迫不及待地跑向水盆，饶有兴趣地观察起来。有胆子大的孩子还敢用手去捞小蝌蚪呢。我再次抓住教育机会，引导幼儿有目的地观察小蝌蚪在水中游的动态。孩子们发现小蝌蚪在水中游的动作各异，一会儿上，一会儿下，一会儿左，一会儿右，有的斜着游，有的横着游，还有的转圈翻跟头，有趣极了。

这时一个小朋友着急地叫了起来，"老师快来看呀，这只小蝌蚪死了。"我急忙跑过去看，真的有一只蝌蚪一动不动地躺在水里，我没有断然下结论，叫一位幼儿用手去触动一下，一眨眼，这只小蝌蚪游不见了。孩子们紧扣的心松开了，他们拍手叫好，"小蝌蚪没有死""小蝌蚪没有死！"我乘机问："你们有谁知道这只小蝌蚪在干什么吗？""它在睡觉。""它在装死。""它在休息。""它在看别的蝌蚪玩。"孩子们众说纷纭。我笑着表扬大家说得好。这时响起了音乐声，我提议学小蝌蚪在水里游玩，孩子们一致表示同意。我们戴上了小蝌蚪的头饰，念着儿歌学小蝌蚪游水。小朋友们一会儿踮起脚尖站起来，一会儿蹲下去，一会儿斜着身子，一会儿转着圈儿，一会儿站着不动……他们做得那么认真，那么有情趣，我仿佛和孩子们一起走进了大自然，走进了一个小蝌蚪的自由天地。

2. 分析讨论：

结合幼儿智育理论分析此智育活动达到了什么目标？进行了什么内容的智育活动？采用了什么途径？在实施幼儿智育时哪方面做得好？

3. 归纳总结，总结要点：

此活动目标是让幼儿掌握蝌蚪的名称及外形特征；通过观察小蝌蚪有趣的动态激发幼儿探索的兴趣和欲望，培养幼儿热爱大自然的情感；发展幼儿仔细观察、分析的能力及运用语言和动作表现自己感受的能力。

此智育活动的内容是培养幼儿的学习兴趣，发展幼儿的智力，发展幼儿的语言交往能力，引导幼儿获得周围生活中初步的知识。

采用的途径是教学活动；创设宽松、自由的环境。

做得好的方面有：让幼儿获得掌握蝌蚪的名称及外形特征粗浅的知识的过程中注重发展幼儿观察力、分析问题能力、运用语言和动作表现自己感受的能力。

重视非智力因素的培养。

【理论研讨】

二、幼儿智育目标 ｛ 培养幼儿的学习兴趣和求知欲望
发展幼儿的智力
培养幼儿正确运用多种感官和运用语言交往的基本能力
培养幼儿初步的动手能力

三、幼儿智育内容 ｛ 培养幼儿的学习兴趣和良好的学习习惯
发展幼儿的智力
发展幼儿的语言交往能力
引导幼儿获得周围生活中初步的知识

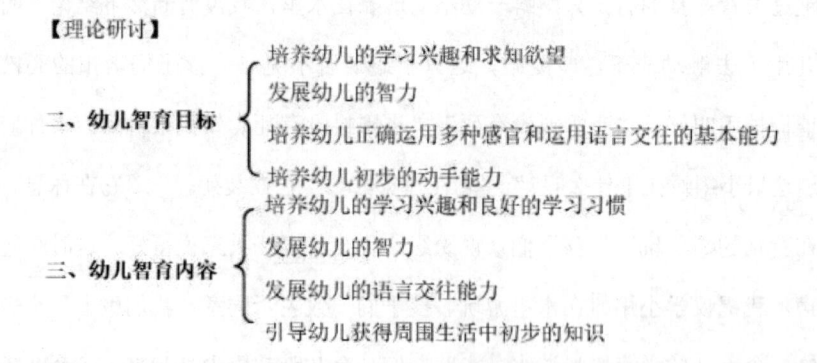

初步知识包括：

1.有关社会生活的常识。如：认识自己和别人，知道自己的名字、年龄、性别等，知道自己和别人的关系；了解衣食住行等方面的知识；认识周围环境和成人的劳动；知道国家的名称，认识国旗、国徽及重要节日，知道我国是个多民族的国家，等等。

2.有关自然界的常识。如：了解天气和季节的变化；认识常见的动物、植物；了解安全卫生常识；认识交通工具及常用的交通规则；认识水的三态变化、物体的沉浮以及声、光、磁性等物理现象。

3.有关数的初步知识。如：认识和比较物体的大小、多少、长短、高低、宽窄、轻重等；认识几何体、时间、空间；认识10以内的数；学习10以内的加减等等。

提问：小班镜子科学活动采用的作业课即教学活动的途径来实施智育外，还可以采用什么途径来进行智育？

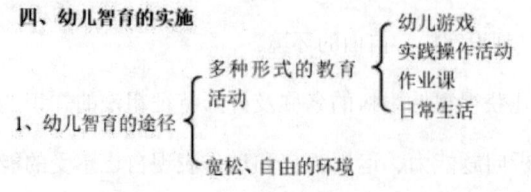

四、幼儿智育的实施

1、幼儿智育的途径 ｛ 多种形式的教育活动 ｛ 幼儿游戏
实践操作活动
作业课
日常生活
宽松、自由的环境

【问题分析】以下智育活动采用的是什么途径？

利用幼儿就餐时摆碗快来发展幼儿的数概念和计算能力。　词语接龙游戏。用积木搭建房子的活动。

家长带幼儿坐公交车，坐在车上边观看车外的风景边认广告牌上的汉字。

2、实施幼儿智育的注意事项 ｛ 处理好知识技能与智力的关系　重视幼儿非智力因素的培养　注意幼儿知识的结构化

非智力因素是指不直接参与认识过程的心理因素，它包括情感、意志、性格、兴趣等方面，智力因素与非智力因素是智力活动的两个方面。

幼儿知识的结构化建立在幼儿感性经验基础上的，注意促进幼儿巩固已有的知识经验，并将获得的新知识迅速归入自己已有的结构中，使新旧知识建立联系。例如幼儿在看电视、图书和其他生活中自发地获得了很多有关标记的感性经验，马路上的斑马线、包装盒上的各种标记、商场里的指示信号标记等等。但这些有关标记的认知是零碎的。教师应通过有意识地组织各种活动，让幼儿对这些标记进行比较，使幼儿认识到，这些标记都是提醒人们应该怎样做或不能怎样做的，是对人的行为的提示。

【案例2分析】

一位实习生组织了大班诗歌教学活动，诗歌的内容为"小草爱做梦，梦是绿绿的；小花爱做梦，梦是红红的；露珠爱做梦，梦是圆圆的；小朋友爱做梦，梦是甜甜的。" 活动过程为：

1.*老师朗诵诗歌*

2.*提问*："诗歌中写了小草、小花、露珠和小朋友，是不是？"

3. 老师带小朋友反复读诗歌

4. 小朋友分组跟老师读

5. 小朋友背诗歌

6. 背诗歌比赛

7. 评价

分析讨论：请运用幼儿智育理论对此活动进评价，其优点、缺点有哪些？怎样改进？

归纳总结：优点：选材好。缺点：没有处理好知识技能与智力的关系，注重知识的传授，不注重在传授知识的过程中发展孩子的思维力、想象力和创造力。不注重非智力因素的培养。

【实践操作】

1. 针对此活动的不足提出改进措施，并模拟实践

2. 师生结合幼儿智育理论对学生的实践进行评价

五、幼儿德育培养

幼儿品德的形成是一个循序渐进的、日积月累的过程。幼儿品德又广泛地体现在日常生活的待人、接物、处事之中。日常生活对幼儿的品德形成有多方面的影响。并且还为幼儿行为的反复练习和实践提供机会。所以日常生活是实施幼儿德育最基本的途径，德育应贯穿于幼儿日常生活之中。必须认真做好日常生活中的德育工作，才能顺利地实现德育的任务。

幼儿生活在一定的社会环境里，和周围环境发生着各种联系，接受社会上的各种影响。但在各种联系中，在一日生活中与人的直接接触和交往，是形成幼儿道德

品质最关键的因素。因为道德品质本身就是反映人与人之间的关系。幼儿在日常生活中，在和同伴、成人交往的各种实践活动中，了解和认识人与人之间，人与社会之间，人与物之间的关系，以及一定的行为准则，并且进行各种行为练习，从而逐步形成友好关系等某些道德品质。教师必须创造一切条件，让幼儿在日常生活中更多地与同伴以及成人自由地接触和交往，使他们与同伴一起生活、游戏与学习。这样才能逐步地培养互相关心、互相帮助，学会分享、谦让等品德行为。幼儿日常生活中的各种活动，比如盥洗、午餐等为形成道德品质提供了丰富的内容，广泛的途径。有的成人或由于低估幼儿社会交往的作用，或由于怕孩子发生纠纷，不允许幼儿之间更多地接触与交往，对幼儿的限制太多、太死，这些做法都不利于幼儿正常的交往，不利于幼儿道德品质的形成发展。

（一）幼儿德育的概念

道德：是在一定社会条件下形成和发展起来的人们共同生活的行为准则的总和。（社会现象）品德：社会道德在个体身上的再现。（个体现象）德育实质上是社会道德个体化的过程。

幼儿德育是指根据幼儿身心发展的特点和实际情况，按照社会的要求，有目的、有计划地对幼儿施加教育影响，发展幼儿社会性，培养幼儿道德品质的教育活动。

幼儿的日常生活也为教师了解幼儿的道德品质和行为习惯的表现提供了可能，在日常生活中，教师要认真细致地观察幼儿，抓住时机，有的放矢地进行教育，幼儿在日常生活中，在游戏中，最能表现他们的真实思想和行为习惯。幼儿的一言一行，一个目光，一个表情都反映着他的心理活动，表现出他们的思想。因此，教育者必须深入研究幼儿的生活，通过各种现象，认真去探索幼儿的意愿和要求，捕捉他们心理的瞬间变化，了解他们的思想动态和行为。从中发现各种微妙的思想问题，因势利导，有针对性地进行帮助和教育。实践证明，对幼儿没有了解，就没有教育，没有细心地观察，就没有细致的教育。对幼儿在互相交往过程中产生的矛盾、冲突，教育者应及时正确地处理，帮助他们形成友好关系。对于凡是牵涉较多人的问题和比较突出的有代表性的问题，要向全体幼儿进行教育。对个别的问题个别处理。处理问题要做到：方法灵活，使人信服；要明辨是非，处理公平。这样才能有助于幼儿克服缺点和形成友好的相互关系。如某孩子为了想多吃糖包，趁人不注意时，把盘子里仅剩的一个糖包吃了一口，又放入盘中。教师在事后及时向他和全班进行了教育。教师给幼儿讲了大象请客的故事。大象过生日请来两只熊作客，大象做了三个甜饼，两只各吃了一个，剩下一个怎么办？给谁吃？让孩子们出主意想办法。通过讨论，教师进一步了解了幼儿的各种思想，同时也提高了他们的认识，收到比较好的教育效果。

日常生活中的常规和生活制度渗透着德育的内容，通过常规的训练和严格执行生活制度，培养幼儿有礼貌、有纪律、学会自制等良好的道德品质和行为习惯。

（二）幼儿德育的目标

萌发幼儿爱家乡、爱祖国、爱集体、爱劳动、爱科学的情感，培养诚实、自信、好问、友爱、勇敢、爱护公物、克服困难、讲礼貌、守纪律等良好的品德行为和习惯，以及活泼、开朗的性格。

德育活动是以德育为内容的专门活动。教育者除抓好幼儿日常生活中的德育工作外，还必须根据幼儿各年龄班德育的内容与要求，结合本班幼儿的实际情况，行为表现，有目的、有计划的组织一些专门性的德育活动，即为实施某项德育内容的教育活动。如有关德育的谈话（主题谈话）、参观、讨论、上课、情境表演、木偶戏等各种各样的活动，通过具体的实例，提高幼儿的道德认识，丰富他们的道德情感，帮助幼儿形成一定的道德行为和习惯。这样的专门性德育活动，形式应生动活泼、新颖有趣,富有吸引力,方法应灵活多样。专门性的德育活动是向全班幼儿进行,但也可以分组轮流进行。在每周的教育计划中应有安排。这种活动可以在一日生活中的各个时间内进行。如可在晨间组织有目的的谈话、散步、评价活动等;可以结合有关课程进行。如语言、体育、常识、音乐等课;也可以在自由活动时间内进行。每次活动时间的长短可视内容而定,一般不宜过长。教育者应善于抓住幼儿周围生活中的事例,及时帮助他们明辨是非,改正缺点,提高他们的道德行为水平。教育者要多采用幼儿自己动脑筋解决问题,提出行为的方式,动手进行实际练习的方法。拟人化的形象对幼儿更有特殊的作用,可以收到良好的教育效果。

游戏、劳动与教学活动也是进行德育的重要途径。社会规范,行为准则是在幼儿的活动中具体表现出来的,教育者应结合幼儿游戏、劳动和教学活动的不同内容,提出品德行为的要求,通过这些活动向幼儿进行德育。特别是游戏活动是幼儿的重要活动,正是在游戏活动中,研究和反映着人们良好的道德品质及行为准则,具体体验人与人之间的关系,这对形成幼儿的道德品质起着积极的作用。

【问题研讨】现实生活中的道德风气如何?你觉得幼儿应该具备哪些道德品质?

归纳幼儿德育目标:萌发幼儿爱家乡、爱祖国、爱集体、爱劳动、爱科学的情感,培养诚实、自信、好问、友爱、勇敢、爱护公物、克服困难、讲礼貌、守纪律等良好的品德行为和习惯,以及活泼、开朗的性格。目标中关键词:爱的情感 品德行为和习惯 性格 概括之:五爱教育、品德习惯、开朗性格三大方面。

(三)幼儿德育的内容

1. 发展幼儿社会性

(1)萌发爱的情感

(2)培养幼儿的交往能力,学习必要的社会行为规范。

（3）培养幼儿良好的个性品质。如活泼开朗的性格、自信心、主动性、独立性、诚实、勇敢、意志坚强等个性品质。

2. 实施幼儿德育应注意以下几点

（1）热爱与尊重幼儿

（2）遵循德育的规律实施德育

（3）人的每一种品德都由道德认识、道德情感、道德意志、道德行为四要素构成。幼儿德育必须从情感入手，重点放在道德行为的形成上。

3. 具体应注意

（1）由近及远，由具体到抽象

（2）直观、形象，切忌说教

（3）注意个别差异

通过案例研讨，帮助学生理解幼儿园德育内容。

【案例呈现】案例1：

儿童作家孙敬修爷爷看到几个孩子在摇一棵小树，便走到小树旁，把耳朵贴在树干上，孩子们奇怪地问他在干什么？孙敬修爷爷说：我听见小树在哭，你们快把它的命根摇断了。幼儿们听了，惭愧地低下头。这以后，几个孩子成了这棵小树的小卫士，常为它浇水，培土。

【问题研讨】幼儿德育包含了哪些内容？幼儿园通过哪些途径对幼儿进行德育？对培养幼儿的道德品质有何帮助？应注意什么问题？

（四）幼儿德育的实施

你的父母和老师采用过哪些途径对你进行德育的？

幼儿德育实施的途径：日常生活、游戏是实施幼儿德育的基本途径，专门的德育活动（谈话讨论、各种实践活动）是实施幼儿德育的有效手段。

幼儿德育的方法：

为实现德育的任务,并收到良好的效果,还需要研究和选择正确的德育方法,为幼儿更好地接受德育创造条件。向幼儿进行德育的基本方法有：

1.范例法

范例是对幼儿具有重要教育作用的典型事例,是以别人的好思想、好行为来影响幼儿的一种教育方法,范例可以起到榜样的作用。幼儿园常用的范例是故事中拟人化的形象,或者真人真事。幼儿掌握行为准则是从模仿周围人们的行为和听到人们对行为的评价开始的。因为幼儿思维具体和他们好模仿,幼儿又对自己直接目睹的行为易于理解,能比较长时间保持在记忆中。范例对幼儿道德认识和道德行为的影响与支配作用,要比语言指示来得快。范例可以把抽象的道德认识具体化、形象化,幼儿对拟人化的形象特别感兴趣,使幼儿易于接受并见之于行动。由于范例形象的刺激,他可以启发幼儿主动地按道德行为准则行事,可以使幼儿经常用范例对照自己,主动地制止自己不符合道德要求的行动和克服自身的缺点。越是年纪小,范例的作用就越大。前苏联教育家乌申斯基说过：对儿童幼小的心灵来说,榜样与范例的作用就像阳光一样重要。

幼儿好模仿,但常从兴趣出发,往往带有很大的盲目性,教师必须为幼儿选择和确立积极的范例。这些范例必须能触动幼儿的情感,并能引导他们的行为。在幼儿的品德形成中,第一个具有决定意义的范例,是父母本身的行为。教师的良好道德面貌,也是幼儿模仿的最好范例,具有经常性、直接性的作用。幼儿周围生活中有教育意义的范例和幼儿中的范例都能起重要作用。在运用范例方法时,还必须不断地提高幼儿的认识和自觉性,避免盲目模仿的倾向。

2.说服法

说服法是通过讲解、谈话、讨论等方式向幼儿讲清一些简单的道理,帮助幼儿分清是非，辨别好坏，使幼儿具有正确的道德观念，并能用这些道德观念来指导自己的行动的一种方法。说服是正面引导原则的具体体现。

说服的方式，一种是讲解，即结合具体事例，以简明生动、形象和语言，向幼儿讲清道理，进而掌握正确的行为标准。如通过讲"萝卜回来了"和"小山羊过桥"的童话故事，使幼儿具体理解了小朋友间要团结友爱，互相帮助的道理，并明白要互相谦让的一些行为准则。第二种是谈话，即以师生对话的形式，针对幼儿品德教育的具体问题，诱导幼儿自己得出结论的一种教育方式。如根据幼儿在品德教育中共存的问题，进行情境模拟表演，看过表演后，让幼儿围绕着行为准则的一系列问题进行谈话。第三种是讨论，这是就一个问题让大家展开讨论争论，在老师引导下共同得出结论。

运用谈话法和讨论的方法，必须做好谈话前或者讨论前的准备，向幼儿提什么问题，听取幼儿什么意见和幼儿讨论什么内容都应事先考虑好。另外谈话或讨论时，教师态度应亲切、真诚。这两种方式适用于中、大班。尤其讨论方式多在大班采用。

3.行为练习法

行为练习是指组织幼儿按照正确的行为准则（规则）去反复进行实践。练习是形成和巩固幼儿道德行为习惯的一种基本方法。是德育实践性原则的具体体现。练习方法之所以成为　品德教育的重要方法，一是因为幼儿期着重于行为习惯的培养。二是因为幼儿在实际生活中经过反复实践练习才能逐渐掌握和遵守一定的行为规则，并且形成行为习惯。

（1）行为练习方式包括以下几个方面

1）各种实践活动中的练习。比如：在角色游戏中最容易进行礼貌行为的练习；在通过组织修补图书的劳动中可进行爱护图书和关心集体的行为的练习。

2)与同伴、成人交往的自然环境中的练习。如每天来园和离园的礼貌行为的练习；委托幼儿做一些具体的事而得到的练习。

3)通过特意创设情境进行的练习。例如：教师特邀请小班小朋友们来大班作客,让大班幼儿练习怎样好好接待客人。在类似的场合中,大班幼儿就要用自己的知识和技能,有礼貌地接待小客人,关怀小客人。

（2）运用行为练习法应注意

1)练习要在教师有目的、有计划的指导下进行。教师要有目的、有意识地组织幼儿道德行为的练习过程。这些练习应当是逐步的、可以接受的。

2)创设练习某些道德行为的条件,使幼儿得到反复练习的机会。例如,为使幼儿养成关心别人的习惯,在家庭里可以提醒启发他帮助大人做事；有客人来时让他把糖果拿来招待；照顾别人家的小弟弟、小妹妹,在幼儿园让他做值日生；做些有益于大家的事等。

3)要努力引起幼儿对练习的兴趣和愿望,并且要注意使幼儿在完成练习的过程中及完成之后,产生愉快情绪体验与获得满足感。例如：有的老师为了培养孩子说话轻、动作轻的文明行为习惯,他首先编了一首小儿歌"班上来了一只小动物,说话轻轻,走路轻轻,多有礼貌"。让全班小朋友猜这是谁？当小朋友猜出这是谁后,又加之具体形象的规则要求,所以小朋友都愿意这样做,而不是屈服于老师的压力。

4)练习要反复进行,做到持之以恒。教师要抓住每一个练习时机,特别是日常生活中的练习,经常反复地进行,才能取得应有的效果。

4.行为评价法

行为评价法是指对幼儿道德行为表现给予评价的一种方法。这是幼儿品德教育的一种辅助方法。它能起到控制幼儿品德发展方向的作用。行为评价的方式有表扬与奖励,批评与惩罚。

(1) 表扬、奖励

表扬和奖励是对幼儿良好的道德行为表现的肯定。通过表扬、奖励能使幼儿明白自己的优点和长处,并使优点长处得到巩固和发扬。表扬的形式:如教师和蔼可亲的目光,对幼儿发出的微笑,轻轻的抚摸,点头示意,甚至拥抱,亲吻,握手等最普通的表扬方式。也可以用最简短的的语言称赞"好""对""谢谢"等。奖励主要是物质奖励,如给予某种优先权,赠送一定的奖励标志和奖品等。

(2) 批评、惩罚

批评和惩罚是对幼儿不良的道德行为的否定。通过否定使幼儿明白自己的缺点和错误行为,并体验到这种行为引起的不愉快,产生羞愧感,从而改正错误缺点。

批评的形式如:用眼光示意,不满意地摇摇头,间接批评,口头责备等。惩罚带有强制性质,但不能利用体罚,教师可采用的惩罚形式有请幼儿暂时离开集体,暂时性限制参加某种活动等,但不能使用打骂、恐吓、讽刺挖苦、不准吃饭等有损于幼儿身心健康的方式。

(3) 运用行为评价法应注意

1)幼儿园应以表扬、奖励为主。特别是小年龄的幼儿要更多地用表扬、奖励,少用批评、惩罚。

2)表扬、奖励,批评、惩罚必须做到公正合理,实事求是,恰如其分。在表扬、奖励时,要指出不足之处和今后的努力方向,在批评惩罚孩子时又不能全盘否定,应该为他创设克服缺点的条件,并相信他能够改正。

3)运用批评、惩罚的方法一定要端正教育思想,要在爱护和尊重幼儿的前提下进行正面引导。对幼儿要有充分说理,使幼儿明辨是非。要严禁体罚与变相体罚。

4）运用表扬、批评应以集体舆论的支持为基础，要适时和适度，不能过分频繁的进行批评或者表扬。对不同个性的孩子运用情况也不同，如对胆子小，能力差的幼儿只要有点滴进步就要表扬肯定，使其提高自信心，而对他们的批评则要小心谨慎。反之，对有自满情绪或者能力较强的幼儿运用表扬、奖励方法要有节制。

5）要明确表扬批评仅是一种教育手段，而它的目的是教育幼儿向好的方向发展。因此，在利用这一方法手段进行教育时，要注意它的教育效果；而不要为批评表扬而批评表扬，更不要把批评表扬当作教育者情绪渲泄的一种手段。

6）评价活动最初要以教师为主，通过教师的评价，教会幼儿如何评价道德行为。以后，可以教师与幼儿的评价相结合，最后过渡到以幼儿的评价为主，教师补充为辅。

5. 陶冶教育法

陶冶教育是自觉地运用环境条件、生活气氛及教育者自身的言行举止等教育因素，对受教育者进行积极影响的方法。

陶冶教育主要是有意识地创设教育情境，使受教育者在设置的教育情境中，耳濡目染，潜移默化地受到品德方面的影响，所谓的"陶情""冶性"，以达到塑造人的性格和品质的目的。

幼儿是社会环境中积极的活动者，又加之幼儿好模仿，易受外界环境的影响，并在头脑中留下深刻痕迹的特点，所以，更有必要有意识地创设良好的教育环境，使幼儿的个性和品德受到良好的陶冶和培养。

运用陶冶教育法应该注意：

（1）根据教育要求来设置教育环境

教育环境不同于自发的环境，因为它是根据品德教育任务进行选择和加工的，环境中的教育因素不但形象而且典型，实现幼儿品德教育任务服务环境中可进行陶冶教育的因素多种多样，象教育者的一言一行，感情爱好、园容园貌的美化、良好的园风、班风、文艺的熏陶……等等，归结起来，这些因素包括有物质的和精神的，不管哪种因素都应该成为实现品德教育任务的一个重要手段。

【案例1分析】

我们小班的小朋友特别喜欢唱歌、跳舞，尤其是那种在大家面前表演的机会，他们更是喜欢得不得了。有一天上音乐课，我教小朋友们唱了一首很好听的歌，名字叫《迷路的小黄鸭》。由于加上了情境表演，小朋友们特别喜欢这首歌。所以，我一说要请小朋友到前面来表演时，"唰"的一下举起了许多小手。

我看见平时很少举手的王逸逸小朋友也举起了手，便请他上来表演。他平时并不善于表演，但今天特别卖力气，脸上的表情做得很夸张。当我看见他那哭不像哭、笑不像笑的表情时，忍不住"扑哧"一声笑了出来，下面有几个小朋友也马上跟着笑了出来。听到我们笑声，王逸逸好像明白了什么，马上停下来不唱了。

我立刻意识到自己行为的不妥，向王逸逸道了歉，并鼓励他继续唱下去。可王逸逸像一只受伤的"丑小鸭"，低下头怎么也不肯再唱了。过了很久，我还在为这事感到内疚。

分析讨论：你听了此则德育案例后你有什么感想？

总结要点：作为一名幼儿教师，教师应热爱尊幼儿，千万不要伤害一颗纯真孩子的心，哪怕只是无意的。幼儿教师给予孩子的应该是鼓励、帮助和启迪。没有爱就没有教育。

【案例2分析】

有一位老师在上课时，不是先用"没有举手不许发言"、"谁不举手我就不叫谁发言"等生硬的命令式的语言向幼儿交代纪律，而是巧妙地让幼儿自己制定这条纪律。当幼儿七嘴八舌地回答问题时，这位老师说："唉，小红你说得很好，可惜我听不清。小明你也讲得很不错，可我也听不清。怎么办呢？我可想听你们说话了，你们自己想想办法，看怎样使老师能听清你们每个人说的话呢？"于是幼儿热烈地讨论起来了，最后他们自己想出了办法："我们一个个轮流说。"老师问"那你们轮流时怎么表示呢？"幼儿说："举手！举手的时侯老师先叫到的就先说，后叫到的就后说。"这样，"举手发言"的纪律就在教师巧妙的指导下，由幼儿自己定出来了。

讨论：请问，你是否赞同此老师的做法，为什么？

总结要点：教师应尊重幼儿的主体性，坚持正面教育。

提问：回忆，你的老师什么时候热爱尊重或伤害过你，你当时有什么感受？

总结：教师应尊重幼儿的人格，保护幼儿的自尊心，坚持正面教育，善于发现幼儿的优点并给予表扬，决不能因为幼儿年幼无知而任意讽刺、挖苦、责骂幼儿，更不能恐吓和体罚幼儿。

2. 遵从德育的规律实施教育

人的每一种品德都由道德认识、道德情感、道德意志、道德行为四要素构成。在幼儿的品德形成过程中，四要素的发展不是同步的，由于幼儿思维具体、形象，知识经验贫乏，导致幼儿的道德认识发展较差，幼儿的道德意志发展也较差，因此，幼儿德育必须从情感入手，重点放在道德行为的形成上。

用"讲礼貌"品德的形成讲解品德的四要素构成：知、情、意、行。概括教育的方式：晓之以理，动之以情，持之以恒、导之以行。遵从德育的规律实施德育时具体应注意：

（1）由近及远，由具体到抽象

对幼儿进行教育，必须遵照幼儿的认识特点来进行。比如，对幼儿进行"爱祖国"的教育，从爱家庭、爱幼儿园、爱家乡的情感开始培养，从对父母、家庭、成员、老师和同伴的爱，引导到对家乡、对生活以及对当前所处的社会之爱，然后引导幼儿对祖国的爱。

（2）直观、形象，切忌说教

【案例3分析】

当幼儿将玩具收捡整齐之后，教师可以对孩子们说"你们爱劳动，真是好孩子"，也可以对孩子们说："玩具放在柜子里，又整齐又好看！下次我们再玩这些玩具的时候，马上就可以找到它们在哪里，多好。"

分析讨论：你觉得哪种表扬好，为什么？3、归纳总结：后一种好，因为教师为幼儿描述了一个可理解的具体景象，让其看到自己劳动的价值和成果，从而认识劳动的意义。

（3）注意个别差异

如对于表现好的孩子，要实事求是、恰如其分地表扬，并注意帮助他们克服骄傲情绪；对于稍差一点的孩子，要多一些鼓励和赞许，使他们迎头赶上

【实践操作】

1.遵从德育的规律实施教育要求：要使幼儿形成"关心同伴"的良好品德，你将怎样教育幼儿？教育孩子时应遵循德育规律，注意直观形象、因材施教。

2.遵从德育的规律实施教育.遵从德育的规律实施教育.遵从德育的规律实施教育小组合作设计；

3.模拟实践；

4.结合理论评价；

（3）指导幼儿行为的技巧有：

【实践操作】

1. 遵从德育的规律实施教育情景：在绘画活动中，有一幼儿画完画用彩笔正乱涂课桌，你怎样运用以上指导幼儿行为的技巧来指导幼儿的行为。

2. 遵从德育的规律实施教育自学教材

3. 小组讨论

4. 模拟操作

5. 自我评价

【案例分析】一个叫陈浩的孩子，父亲是个军人，母亲是个家庭主妇。孩子长得挺可爱，可就是爱打人，缺乏爱心，记得小班刚入园第一天，他把小朋友的脸抓破了。第二天，他又把自然角的金鱼给捏死了。第三天，他把口香糖胶放在其他小朋友的头发上……面对这种攻击性强、没有多少爱心的孩子，真是头疼。可是后来发生了一件事，使文海小朋友发生了很大的变化。那天我正和孩子们玩着老鹰捉小鸡的游戏，突然发现陈浩不见了，当我四处焦急地张望的时候，他却飞一样跑过来，上气不接下气地说："不得了，老师，有只小鸟死了。"我以为他又在搞什么恶作剧。他又焦急地看着我说："真的!曹老师!"我也急了，三步并两步跑到现场，孩子们已围成一个大圆圈，果真有一只鸟躺在地上，翅膀明显受过伤。

孩子们瞪大眼睛望着我："老师你说怎么办呀？""唉呀!它真可怜!""你瞧!它的翅膀还在流血呢!"这时我观察到陈浩的表情由刚才的着急变得伤心，变得难过，群体的氛围也感染了他。此刻我的脑海里突然有了灵感，这不正是教育孩子的好机会吗?于是我和孩子们说起了小鸟的故事，小鸟的不幸深深地感染了孩子。我注意到陈浩的眼里闪动着泪花，我搂着陈浩的肩膀低声问："现在我们怎么办呢?"他伤心地说:"老师,我们把它埋了吧,就像电视里一样,给它举行一个葬礼。"我的心里一阵激动,一阵欣喜,这是调皮鬼说出的话吗?接下来孩子们和我一起找来了纸箱、玩沙的工具,一起挖了个大坑,真像电视里那样为小鸟举行了葬礼。陈浩和所有的孩子一样,表情是那么严肃,心情是那样难过。葬礼结束了,孩子们围坐在我身边,我对孩子们说:"你们这么爱惜小鸟,老师真高兴,我们大家不仅要爱护所有的小动物,还应该爱护每一个小朋友,大家在一起友好相处,你们说对吗?"只见陈浩坐在那一声不吭,突然站起来走到前面哭着大声说:"老师我错了?以后再也不捏小金鱼了,小金鱼多可怜啊!我也不打小朋友了!"从这之后,我们发现陈浩真的变了,变得懂事了,不再和小朋友打架了。

2.分析讨论:请运用幼儿德育理论分析此德育活动采用了什么途径?进行了什么内容的德育活动?此德育活动哪些方面做得好?

3.总结要点:此德育活动采用的途径是专门的德育活动。进行"培养爱的情感"为内容的德育活动。此德育活动做得好的方面有:教育孩子时注重直观、形象;注重因材施教;注重热爱尊重幼儿。

【案例4分析】

姚政是位性格内向、不善于表达的男孩,在集体面前表现得特别胆怯,也不喜欢与小朋友交谈、交往。有一天,我们玩角色游戏,班上的小朋友特别高兴,争先恐后说出自己要扮演的角色:医生、护士、司机、售货员……眼看角色就要分配完,姚政一动也不动的坐在座位上,眼睛只望着我,看上去挺着急的。看来,他是非常想参加游戏,可能是信心不足。于是我走到他的面前对他说:"今天商场保安还没人扮演,你愿不愿完成这个角色?"姚政见自己有角色扮演非常高兴,连忙点头答应了。游戏活动开始了,小朋友各就各位地来到了自己的岗位,医生、护士换衣服,姚政也忙着戴帽子、扎皮带,全副武装站在商场的门口。游戏顺利地进行着，大约过了十分钟，我发现其他小朋友都已进入角色：医生正热心地为病人看病；巴士司机主动为乘客报站名；售货员热情向顾客介绍商品……可是商场保安却静静地站在原地不言不语，也不会与售货员、顾客交流。于是我就扮演一名顾客来到了商场，故意买了许多东西，拎了五六袋，显得非常吃力地走到保安身边说："保安先生，能不能帮我把这些东西送到车站，"姚政连忙点头，非常爽快地帮我拎了两袋东西。正当我们准备向车站走去时，一件意外的事情发生了，只听小朋友喊："老师，百货商场有人偷东西！"听到叫声，我本想看个究竟，但转眼一想，现在我是顾客，不能冒然去管，应该让孩子们自己去处理，就对跑来告状的小朋友说："你应该告诉商场保安。"姚政刚想转身，看见自己拎着两袋东西，有点迟疑。我说："保安先生，你把东西给我，快去商场看看！"姚政连忙跑进商场，收银员见保安来了就先告状："他拿了商场东西没给钱！""小偷"争辩说："我给了钱！"一个说没给，一个说给了，这下可难为了保安。保安不知所措，求救的目光一直看着我。我以顾客身份说："大家别急别吵，我们让保安想想办法。"保安见没有退路，只好问收银员"他拿了什么东西？""一瓶可乐、一个超人玩具。""多少钱？""十块。""我给了钱，放在收银台上。""小偷"着急地说。"没给我，没看见。""小偷"与收银员又争吵起来，眼看又要乱成一团，我连忙说："我们一起去收银台找找。"大家来到收银台，这时保安已进入角色，非常负责，马上蹲下来帮助寻找。不一会，只见他从桌子中间找出一张十块钱，"小偷"看见高兴地叫了起来："这是我的钱！我的钱！"当他从保安手中拿过钱时，非常感激地说："谢谢你！"保安不好意思摇摇头说："不用谢！"这场误会在保安的帮助下平静地结束了。

在游戏讲评时，孩子们讲得最多是今天商场发生的事件。有的小朋友批评收银员太粗心，错怪了顾客；有的说顾客没排队，随便把钱丢在桌子上也不对。有许多小朋友说，今天保安表现很好，帮助顾客找到丢失的钱……听到小朋友赞扬，姚政特别高兴。从此以后，每次角色游戏他能主动举手要求扮演角色，当然扮演最多的是他喜欢的商场保安。现在保安非常称职，能主动帮助顾客提东西，维护商场秩序，还能护送收银员把钱送到银行……多次得到了老师和小朋友们的赞扬，姚政自信心增强了，性格也比以前开朗了。

分析讨论：运用幼儿德育理论分析此德育活动达到了什么目标？进行了什么内容的德育活动？采用了什么途径？此德育活动哪些方面做得好？

总结要点：此德育活动目标：让幼儿产生愉快的情感体验；通过扮演社会角色，让幼儿学习社会行为准则；培养幼儿的交往能力。

此德育活动采用的途径是游戏。进行"发展幼儿的交往能力，学习必要的社会行为规范为内容的德育活动。此德育活动做得好的方面有：教育孩子时注意直观、形象；注意因材施教；注重热爱尊重幼儿

六、幼儿美育培养

审美教育对幼儿的发展具有十分重要的影响。它具备使幼儿认识深化、道德感化、情感净化、智能开发和心理平衡等诸多功能，在幼儿全面发展的教育中显示出独特的作用。但在幼教实践中，我们觉得，幼儿美育存在颇多偏差。

首先，有部分幼教工作者把美育简单地等同于艺术教育，仅仅在部分艺术学科领域实施所谓的"美育"，使幼儿美育往往未能有效地发挥其丰富的功能。其次，由于受前苏联分科教学模式的影响，不少教师只简单地把美育看做是特长培养，仅对幼儿进行技能的机械训练，忽视对幼儿进行审美感受、审美创造、审美体验能力的培养。第三，某些教师自身缺乏审美方面的情趣和能力。因此，我国

绝大多数幼儿园的审美教育水平还停留在相对低的层次上。

鉴于审美教育在幼儿发展中的重要性以及我国幼儿园审美教育实践中存在的偏差，从1997年起，我园开展了"以美育人，促进幼儿全面发展"的课题研究，旨在通过幼儿对艺术作品中美的感受，对多种形式艺术工具材料的操作，培养幼儿对美的敏感性，萌发其初步的感受美、表现美的情趣，并以此为契机，挖掘多种艺术的综合教育功能，激发幼儿的艺术潜能对幼儿进行情感的熏陶、心灵的净化，直至形成高尚的情操，促进幼儿人格的健全和身心和谐的发展。

（一）幼儿美育的概念

美育即审美教育。美具有两个特征：即具体形象、可为人感知；使人愉悦、使人动情，

具有吸引力。

美的基本形态：自然美、社会美和艺术美。自然美如美的山川原野，悦耳的声响，诱人的馨香。社会美如环境美，语言美；艺术美如美的音乐、绘画、雕塑等。

美育是以培养学生感受、表现、鉴赏、创造美的能力，从而促使学生追求人生的情趣与

理想境界等为目标的教育。幼儿美育就是根据幼儿身心特点，利用美的事物，通过组织幼儿的审美活动来培育幼儿感受美、欣赏美、表现美、创造美的情趣和能力的教育活动。

（二）幼儿美育的目标

幼儿美育的目标是培养幼儿初步的感受美和表现美的情趣和能力。

（三）幼儿美育的内容

{ 培养幼儿的审美情感
  培养幼儿的审美感知
  培养幼儿的审美想象和创造

幼儿美育的内容：

1.培养幼儿对美的事物和艺术活动的兴趣和爱好

2.发展幼儿对美的事物和艺术作品的感知和欣赏能力

3.培养幼儿艺术活动的想象力和初步的表现能力在幼儿美育内容中，艺术教育居于主要地位。

（四）幼儿美育的实施

1.实施的途径

$$\left\{\begin{array}{l}艺术教育是幼儿美育的主要途径\\日常生活是幼儿美育的重要途径\\大自然、大社会是幼儿美育的广阔天地\end{array}\right.$$

（1）创设和利用美的生活环境，环境创设中的以美育人

在课题实验中，我们非常重视环境对幼儿的影响注意与幼儿共创具有亲和性、教育性、知识性、趣味性的优美环境，把美育渗透于幼儿园的各个角落，从而促进孩子审美能力的提高及身心的和谐发展。自然美是美的活的源头。但纯粹的自然美是不存在的，任何自然的美都打上了人的意志和烙印。校园自然环境的美化更是如此。苏霍姆林斯基就说过，校园环境的美化如果与正确的思想世界观结合，就能使儿童得到深刻的感受并揭示出一种真正的美。为此，我们精心营造幼儿园的自然环境，使幼儿园尽可能浓缩大千世界的奇妙景观，幼儿融入其中，陶冶情感，启迪智慧,丰富感受，增长见识，心灵得到培育。在我们的幼儿园里，墙壁上贴着各种动物壁画，就连操场也被描绘成一幅迷人的海底世界图，层层溢出的叠水池好似流动的画面，给孩子们展示了一个美不胜收的景象。教学楼之间的游泳池碧波荡漾，荷花池荷叶飘香，绿色的草坪边，四季花卉相继开放。一年四季里，我们幼儿园的景色异彩纷呈。那争相怒放的美丽花卉，郁葱葱的种植

园，趣味盎然的饲养角，都是给幼儿以美的启迪的生动课堂。孩子们身临其中，在与自然的情景交融中，启迪了智慧，伸展了天性，陶冶了性灵，他们的审美情操也得以萌发。我园还注重为幼儿创设一个充满情感色彩、具有童趣的环境，使他们处处感到心旷神怡，心境愉悦。如大厅里的"智慧树"，那绿树掩映着小木屋，人字型葡萄架，还有那"聪明屋"和"芝麻街"在幼儿的视野里充满了童话的色彩，墙壁上、走廊上、地面上美丽诱人的活动图案，使幼儿处处受到美的熏陶，那长长的画廊和随处可见的游戏活动区，更激起孩子们愉悦的体验。这一切都促进了幼儿形成稳定的积极情绪状态，同时也满足了幼儿的好奇心。与此同时，我们还注重为幼儿创设一个温暖、信任的心理环境和互爱、丰富的教育环境。我们要求教师做到，衣着整洁、口吻亲切、目光柔和、话语甜密、感情自然、举止大方、歌声柔润、舞姿优美，幼儿调皮时能与他们说些悄悄话，进步时能及时给予鼓励，生病时给予关爱，让孩子时时感受到老师的温暖。

（2）大自然是幼儿美育的丰富源泉

自然环境对幼儿的神经系统有着镇静作用，著名文学家高尔基曾说过"森林往往能引起我内心的平静与愉快的情感，于是我的一切愁闷都会在这种情感中消失，使我忘掉一切不愉快的事情。"自然环境中的山山水水都是幼儿进行体育锻炼的良好条件。幼儿成天在室内身体得不到锻炼，只有在户外活动，呼吸新鲜空气，爬爬山，做做运动，才能使身体得到健康发展。大家都有一种感觉，身居闹市的成人，天天三点一线，周而复始，身体也会疲劳，身心也会烦躁。现代城市人提出了"回归大自然"，特别是双休日、节假日，一家人奔向乡村田野领略无限风光，身心压力得到充分释放，快感不言而愉。所以现代幼儿教育中，教师要充分利用自然环境带领幼儿去观察、散步、游戏、劳动，既满足了幼儿的多种需要，又使幼儿的身体得到了健康发展。

现代人常说自然美，意即未加任何修饰雕刻的美。而这一点恰恰是自然环境中所具备的。自然环境中的色彩、声响、形态、芳香，都是实实在在的，如蔚蓝的天空，变化多端的云彩，青青的绿草，鲜艳的花朵，丰硕的果园，茁壮的庄稼，壮丽的山河以及鸟儿的歌唱等等，这一些都对幼儿产生巨大的感染力，使幼儿感受都什么是美，使情操得到陶冶，审美能力得到培养。乌申斯基曾把"芳香的田野"以及"玫瑰色的春天和堇色的秋天"称为"教育家"也正是基于这样的道理。

幼儿是在与环境的交互作用中得到发展的，自然环境对幼儿进行全面发展的作用是巨大的，应当说离开自然环境，幼儿教育的内容就会无味而枯竭，就会变成照本宣科，失去了生动性和教育意义。《幼儿园工作规程》中提出，要"创设与教育相适应的良好环境"，我认为其中也包括自然环境。我们在安排教育活动时，要因地制宜，因时制宜，充分发挥大自然对幼儿的教育作用。

（3）社会生活是向幼儿进行美育的广阔天地

儿童最初的美感是从日常事物开始的。日常生活中的美是幼儿最接近、最熟悉和最容易感知的，也是幼儿审美教育所必需的。

在广阔的社区环境中，促进幼儿审美能力的发展。社区既是幼儿园赖于生存与发展的"根据地"，他们通过社会活动、对社会生活的感知来获得并丰富自己的情感，其社会性的品质可以在社区的大千世界中经受检验、磨砺。社区中有丰富的人力资源，如各行各业的人，有环境资源如菜场、植物园、银行、广场等，还有丰富的物产资源，如，地方特产、风味小吃、民间工艺品等。我们充分利用这些社区资源，让幼儿走向社会，用多样化的艺术活动形式，让幼儿了解社会，学会与他人交流合作，获得情感的体验。如，重阳节，我园将在社区内的老爷爷、老奶奶请到幼儿园来，让孩子们和老人们一起欢庆老人节，幼儿与爷爷、奶奶一起唱着跳着，老少同庆，孩子们为爷爷、奶奶送糕点，给爷爷、奶奶献花等，扩大了他们的社会交往层面，同时也激发培养了幼儿尊敬老人的情感。培养幼儿的审美素质。活动是幼儿的天性。活动区游戏是对幼儿实施审美素质教育的重要形式之一。

幼儿在融入文学、美术、音乐等艺术手段的区域游戏活动中毫无心理压力，因而也就更能通过轻松愉快的活动通过自我的努力获得创造的满足和成功的欢欣。为此，我们特别注重在活动区为幼儿创设一个主、宽松的学习环境，让幼儿在玩玩做做中，生动、活泼、愉快地获得发展。我们根据幼儿的年龄特点，设立了各种活动区域，如阅读区、表演区、演奏区、美工区、宠物区、花店、工艺品店等，并充分发挥各区的美育功能。在语言区中我们让孩子倾听优美的文学作品，表演充满幻想的童话，在美工区中让孩子制作精美的工艺品，在音乐区中孩子们手持乐器奏出自己的喜悦，在跳舞机上尽情地蹦蹦跳跳。在活动区游戏中，不仅幼儿的好奇心得到了满足。求知欲望得到了发展，自主性得到了发挥，而且审美能力也得到了提高。在游戏中孩子们乐于扮演各种角色，如学说成人的言语、学做成人的动作，扮医生、扮父母、扮售货员等，情绪十分激动，他们常被游戏所创设的情景陶醉，为胜利而高呼，为失败而叹息，不但在活动中受到心灵美的教育，还促进了想像能力、创造能力的发展。

对幼儿审美素质的培养应着重于通过启发引导，提高幼儿的审美认识，明辨善恶美丑，塑造他们美的心灵，陶冶美的情操。因此，我们首先注意创造美的游戏环境。如："娃娃新村"游戏中的"家"，我们布置得美观、整洁、温馨、有序，使幼儿处处感受到美的存在，诱发幼儿热爱生活的美好的情感。其次是培养幼儿对美的感受力、鉴赏力。在组织幼儿活动区游戏时，我们注意让幼儿感受美。如启发指导孩子感受玩具、游戏材料的色彩美、对称美、环境的均衡美、声响的节奏美、动作的协调美、交往中的语言美。同时，我们注意对活动区游戏的内容、角色进行择，从审美的角度加以评判，让幼儿知道道德品质中的美与丑、善与恶，从而提高幼儿的审美鉴赏力，陶冶幼儿的心灵。在游戏中，我们尤其重视幼儿创造力的培养。在游戏中我们让幼儿了解生活中美好的东西都来自于人的创造，通过做和玩，来真实地反映他们向往的"现实生活"，充分表达他们的情感、愿望，从而培养和发展他们的审美和创造能力。

（4）艺术教育是美育的有力手段　艺术教育活动是幼儿美育的主要途径

幼儿艺术教育的目的是培养和提高幼儿对美的事物的敏感性，培养他们的审美表现能力，感受艺术活动的乐趣，促进其人格的健全与和谐发展。鉴于此，我们特别重视艺术教育，突出艺术教育的整个教育教学中的地位。

1）加大艺术教育力度，增加艺术教育课程的比例。我园不仅按照常规要求安排艺术活动，而且保证每天下午小、中、大各班都开展各类科目的艺术活动，使各年龄段幼儿有更充裕的时间投入艺术活动中，加大各艺术形象对幼儿各种感知觉的冲击，使幼儿在更多艺术感受、艺术体验中增强对艺术活动的兴趣和参与欲望，逐渐形成渴望参加某种艺术活动的心理倾向。

2）创设新的艺术课程。艺术课程是对幼儿进行艺术教育的依托。在艺术活动内容的选择上，我们做到传统教材与适应时代需要的最新教材相结合，现成教材与改编、创编教材相结合，主题教学内容与生成课程相结合。在创编教材方面，我们根据时事特点、季节特点及班级幼儿的现状，创编了许多艺术活动内容，如猴年创编的小班音乐欣赏"快乐的小猴"寒冷的冬天创编的小班综合活动"天冷我不怕"，欢庆澳门回归，创编大班手工活动"制作喜庆蛋糕"等。在生成课程方面，我们及时吸纳幼儿感兴趣的、引起幼儿探索欲望的素材，采取艺术教育的手段，真正使各类艺术活动成为幼儿的需要。

3）加强艺术整合。传统的幼儿艺术教育过分强调艺术的门类特点，表现出分解的倾向，这是不妥的。实际上，艺术是相通的，人们常说，诗中有画，画中有诗，艺术综合教育是挖掘出音乐、美术、语言等艺术形式中存在的共同因素，并加以沟通、联系，提高幼儿对美的感受力，使幼儿的各种理解力达到高度的协调发展，使幼儿的审美感知经验向整体综合的方面聚合转化，以逐渐形成一种独特的审美心理结构。譬如在音乐欣赏活动"听音乐绘画"中，我们选取舒伯特的《摇篮曲》，首先引导幼儿运用各种感官感受音乐，然后根据音乐的性质来选择相应的颜色，通过绘画来表现自己对音乐的理解。如有的幼儿用蓝色表现宁静的天空，大树的叶子轻轻地飘落，表现出宁静、安谧的场景。最后通过欣赏散文"梦娃娃"，以发展幼儿对音乐的感受力、理解力及表现力。此外，在幼儿的一日活动中，我们创设条件让幼儿一直处于艺术活动的氛围中，将艺术教育带进幼儿园的整个课程当中，幼儿由不熟悉到熟悉、由跃跃欲试到大胆参与，由表现稚拙到引人入胜。这就大大突出了艺术教育，提升了艺术教育的功效。这里要指出的是，在课题研究中，我园对在幼儿园开展艺术教育作了较深层次的思考，我们认为在幼儿园开展艺术教育，对幼儿来说，不能将其看成为一种定向教育，其重点应是幼儿艺术素养和审美素养的培养问题。因此，我园确立的开展艺术教育的宗旨是，创设条件让幼儿积极地参与艺术活动，使他们能够从音乐、美术中享受到无穷的审美乐趣，并且力求让幼儿将这种乐趣不断地巩固、提升，成为自己终身的需要。为了实现这一宗旨，我们在艺术教育中避免单纯的技巧训练和形式分析，注重启发幼儿对艺术美的感受、理解和体验。

5. 实施幼儿美育应注意以下几点：

（1）幼儿园美育是面向全体幼儿的；

（2）重视通过美育培养幼儿健全的人格；

（3）重视培养幼儿的想象力和创造力。

幼儿艺术教育的内容主要有：音乐、舞蹈、文学作品欣赏、绘画、手工制作和电影、木偶戏、杂技表演等综合艺术的欣赏。

社会生活中有对幼儿进行美育的素材：创设并利用美的环境；利用社会生活中的美好事物；教育幼儿注意仪表美、行为美、语言美。

6.实施幼儿美育的注意事项

幼儿园美育是面向全体幼儿的——不是培养单个有艺术天赋的艺术家。通过美育培养幼儿健全的人格（情感态度）——不要偏重于追求艺术的结果和达标。重视培养幼儿的想象力和创造力——不要过分强调技能技巧，机械训练。

【谈一谈】幼儿最经常性接触的环境是哪里？谈谈你看到的过的幼儿园是如何创设美的生活环境的？它们对儿童有什么样的教化作用？大自然向我们展现了什么样的美？你认为应该如何利用它们的美对幼儿进行教育？幼儿园可以开展哪些活动？

【问题研讨】幼儿园的艺术教育活动是否为培养艺术家做准备？在艺术活动中技能技巧训练和艺术情趣相比哪一个更重要？为什么？

【案例1分析】

我根据舞蹈的情节，把它编成了一个有趣的故事。在讲故事之前，由老师饰演蒙古族的小姑娘，让幼儿观察蒙古族服饰的特点，再放一段优美的蒙古乐曲，幼儿一边欣赏音乐，一边听故事：在美丽的大草原上，有一位小牧民提着一个小桶去挤奶，他一边走，一边欣赏美丽的草原风光，不一会儿就到了牧场。小牧民放下小桶，挽了挽袖子，高兴地看着大奶牛，然后蹲在地上挤起奶来，这边挤挤，那边挤挤，一会儿就挤了满满的一桶奶，他高兴地把桶托在肩上，用手扶着快乐地回家了。故事很简单，但幼儿很感兴趣，而且很快就理解了。

然后，我根据故事的内容有针对性的提问。如：你觉得这个故事说的是哪个民族的事？故事里的小牧民在做什么？等等。从中让幼儿了解这个舞蹈的情节特点，并知道它是"挤奶舞蹈"，为创编动作做了充分的准备。

为了让幼儿创编"挤奶"动作，我给了孩子们几分针时间，让幼儿根据故事的内容自己编动作，看谁扮演得最好。幼儿编得可认真啦！有的手提着小桶，有的用胳膊挎着小桶，有提在前面，有的提在腿的旁边，有的走着去，也有的边跑边跳着去，还有的骑马去。"挽袖"动作也是多种多样，有的站着挽的，有蹲着挽的，还有边转圈边挽袖的，有你给我挽，我给你挽的，"挤奶动作更是有趣，这边挤两下，那边挤三下，头往上一仰，好像在看什么……动作千姿万态，每个幼儿都"扮演"得非常好。根据他们编的动作，我稍稍地加以整理，孩子们随着音乐翩翩起舞了。

分析讨论：运用幼儿美育理论分析此美育活动达成了什么目标？进行了什么内容的美育活动？采用了什么途径？在实施幼儿美育时哪些方面做得好？

总结要点：活动目标：激发幼儿对舞蹈的兴趣，使幼儿体验了欢乐愉快的情绪；通过幼儿创编舞蹈，使幼儿的想象力、创造力都得到了发展；提高了幼儿感受美和表现美的能力。进行培养幼儿的审美情感、培养幼儿的审美感知、培养幼儿的审美想象和创造为内容的美育活动

采用的途径是艺术教育。做得好的方面有：注重面向全体幼儿；注重引导幼儿亲身感受、体验美；注重培养幼儿表现美的想象力和创造力。

【案例2分析】

王老师开展中班美术绘画活动，绘画的内容是美丽的春天，老师首先示范，先用铅笔画大树、花、小草的轮廓，然后上颜色，老师示范完后发给每个小朋友一张纸、一盒水彩笔，要求小朋友模仿老师的画画，然后老师巡视、指导、帮

助，最后老师讲评，表扬按老师要求画的孩子，批评不按老师要求画的孩子。最后老师把按老师要求画的画展示在活动室里。

分析讨论：请运用幼儿美育理论分析此美育活动哪些方面做得不好？为什么？并提出改进的措施？

总结要点：幼儿美育应当着眼于引导幼儿人格向积极方面发展，特别是幼儿情感的发展。但是长期以来，美育受重理智、轻情感的倾向影响，出现了许多值得注意的倾向。

此艺术活动中，没有充分地利用艺术这一媒介去丰富幼儿的情感世界，比较偏重于追求技能技巧的训练，仅仅关心幼儿作品是否达标，；不重视发展幼儿的想象力、创造力；不重视幼儿活动中的情感体验和态度，师应重视幼儿画画的快乐。

【实践操作】

实施改进后的绘画活动"美丽的春天"学生对自己组织的活动进行反思，师生共同评价。

【案例3分析】

观看大班舞蹈欣赏《苗鼓》（VCD）。

参考教案为：

大班舞蹈欣赏—— 苗鼓

活动目标：

1.通过欣赏湘西"苗鼓"，感受苗家人民的热情、奔放。

2.在感受"苗鼓"动作、鼓点富于变化的特点的基础上，进行创造性表现。

3.学习典型的"苗鼓"动作。

活动准备：

1. 向幼儿介绍苗族的风俗风情；

2. 苗鼓一面；

3. 与幼儿一起自制鼓棒；

4. 音乐磁带、影碟、VCD、录音机。

活动过程：

1. 教师与幼儿用简单的苗语问候。

2. 出示实物苗鼓，鼓励幼儿自由探索苗鼓。

3. 播放VCD，欣赏"苗鼓"表演。

（1）初步感受舞蹈的欢快情绪。

（2）引导幼儿发现"苗鼓"的特点。

4. 教师表演"苗鼓"，引导幼儿学习典型的"苗鼓"动作。

5. 鼓励幼儿自由寻找身边物品假想成苗鼓，即兴表演。

6. 分男女两组进行比赛，推选"小小苗鼓王"。

分析讨论：请运用幼儿美育理论分析此活动有哪些优点和不足？针对不足怎样改进？

总结要点：优点：注重用具体鲜明的形象去引导幼儿直接感受美，注重面向全体幼儿，注重激发幼儿对舞蹈的兴趣，使幼儿体验了欢乐愉快的情绪；注重培养幼儿初步的感受美和表现美的能力。不足：幼儿表现美的想象力、创造力培养不够。

【实践操作】

1. 针对活动中的不足提出改进方案并模拟实施

2. 对模拟实践师生进行评价。

第五章　文化引领新形势农村教育管理

引言

　　幼儿教育作为一种基础教育，在教育行业中占据重要地位，大力发展对幼儿的教育工作。对促进儿童身心健康、义务教育的普及、提高国民素质以及实现全面小康社会具有积极作用。我国当前的幼儿教育，基本上可以满足足龄儿童及时入园，当前我国幼儿教育正处于不断发展的阶段，通过采用各种方式，可以学龄前的孩子提前接受教育。然而，总体来说，我国的幼教行业发展不成熟，还存在与我国的经济、教育、社会发展的最基本的矛盾不相协调的方面。幼儿园存在数量多、规模小、办园条件简陋的现象。如何统筹、促进我国幼教事业的发展，让每一个幼儿都尽可能地享受到更好的早期教育，这是当下一个十分重要的课题。

　　基于这一设想，主要针对村镇幼儿园的现状进行分析，通过"摆事实、析原因、谈对策"

的研究方法，对村镇幼儿园的现状进行调查、分析农村教育落后的原因，并提出建设性的措施，促进农村幼儿教育的稳步快速发展。研究农村幼儿园管理模式的动因，选择我国当前的幼儿教育进行实际性的研究和探索，对改进教育策略以及促进社会整体素质的发展具有积极作用。"百年大计，教育为本"、"十年树木、百年树人"等这些俗语也都在告诫我们教育对国家发展的重要性。教育要从幼儿开始，因此，在普及九年义务教育以及扩大高等教育的同时幼儿教育事业同样不容忽视，对幼儿尽早进行系统的培养和教育，给孩子提供健康文明的成长环境。

对农村幼儿园情况调查的基础上，进行分析和探讨之后，针对农村幼儿园的相关情况，提出了改进幼儿教育管理的观点。

一、加强农村幼儿园管理的重要性

要把发展学前教育作为教育改革发展的重要的任务。可见幼儿园教育的重要性，我们作为幼儿园教学管理工作者也应该清晰的认识到幼儿园教学管理工作的重要性。幼儿园教育可谓是幼儿接触教学的第一阶段，也是非常重要的基础阶段，是幼儿进入小学教育的基础，对于培养幼儿的良好行为习惯、引导幼儿形成健康的学习观等都有着不可忽视的教育价值。

基于我国农村与城市对学前教育的不同层次的要求，我们要对农村幼儿园的管理进行一下深度的思考和改革，我们要争取使农村不城市的学前教育达到同一个水平线。针对农村幼儿园管理所面对的困难，我们要努力的去解决。加强农村幼儿园管理是保持城市孩子与农村孩子教育背景均衡的必要措施。

城市家长对于孩子教育的问题的重视程度是我们众所周知的。为了孩子有一个好的起点，他们不惜花费重金，找人、托关系，目的就是想让自己的孩子可以在一个好的环境中，让一个好老师对其进行最有效的教育，甚至还参加各种艺术类的培训班，绝不给孩子落在别人孩子后面的机会。而农村的家长并不一样，他们认识不到学前教育的重要性，况且我们农村也不具备参加各种培训班的条件。这样下来城市孩子和农村孩子的教育背景就产生了差距。

当我们中学甚至小学的时候就会看见许多学生辍学回家了，高中更是大有人在，他们都是学不进去，对学习不感兴趣。我认为这都是由于提前教育工作不到位所引起的，他们从小没有一个好的学习教育，养成了他们厌学的学习态度。所以说，加强对农村幼儿园的管理，让农村的孩子得到一个好的学前教育是很重要的。

本来在自己村子里很优秀的学生，等到了和城市孩子一个学习环境之后，他会注意到自己和城市孩子在知识层面的差距，会渐渐的意识到自己的不足，如果是心理素质不好的学生会渐渐的因为缺少以往的关注感而慢慢的产生厌学，甚至辍学的现象。这样久而久之就会加大农村和城市孩子的升学率。

在农村孩子去不去幼儿园是不确定的，也是不受年龄限制的。决定孩子去不去幼儿园的因素是家长忙不忙，是否有时间去管理孩子。如果没有时间，孩子就会送去幼儿园，如果有时间孩子就会留在家里。这样就对幼儿园的管理造成了不便，而且对孩子的发展也有影响，所以我们要加深家长对孩子接受学前教育的认识，是他们支持幼儿园的工作，遵守幼儿园的规定，这样可以使幼儿园进行更好的管理。

二、文化推动农村学前教育更高水平发展

教育的发展依赖于社会经济、文化、科技的发展。联合国教科文组织指出"教育机构必须突破自身局限，向社会开放"。《幼儿园教育指导纲要》中明确要求：幼儿园应与家庭、社区密切合作，与小学衔接，充分利用各种有效的教育资源，共同为幼儿的发展创造良好条件。

近年来，我市尝试"越过围墙"，走上社区、走进家庭，将学前教育的发展融入到可持续发展的大教育中，逐步形成以幼儿园为主体，以家庭为基础，以社区为依托的学前教育新格局，引领幼儿在幼儿园、家庭、社区"三位一体"的互

动作用中学会生存、学会生活、学会学习。

（一）创新机制，保障幼儿园、家庭、社区一体化教育的健康推进

1. 构建"三级"网络，保障家、园、社区一体化发展的顺利推进。

各镇处成立了以镇党委政府分管领导为组长、镇教育办主任和中心幼儿园长、村计生主任和村办园长代表为组员的"三级"领导小组，领导全镇0—6岁婴幼儿的早期教养工作，形成了镇党委政府政策扶持、镇教育办措施引领、村两委积极配合的良好氛围，为家庭、社区、幼儿园一体化的全力推进提供了宽松、和谐的发展空间和强有力的领导保障。

2. 健全十项管理制度，保障家、园、社区教育活动的有效开展。

全市制定并完善了《全市家、园、社区三位一体学前教育工作制度》、《全市家、园、社区三位一体学前教育走访制度》、《全市学前教育家长学校工作制度》、《全市家、园、社区三位一体学前教育督导考核制度》等多项工作制度与评估制度，指导、监测、评估家长和社区服务工作，从指导理念、工作规范、过程监督和考核评价等方面对每一个工作环节进行规范和要求。

3. 成立一个指导中心

各镇处成立一个家庭社区教育指导中心，由中心幼儿园的业务园长负责，村办园长、骨干教师参与，派出所户籍警协助将社区内0—6岁幼儿进行摸底统计，建立了0—6岁婴幼儿档案。制定《婴幼儿早期教养方案》，协同计生办对准父母、幼儿父母进行优生、优育、优教的指导，同时指导其他各村办园站点开展家教指导工作。

（二）挖潜整合，共享幼儿园、家庭、社区一体化优质学前教育资源

树立大学前教育理念，深入挖潜家庭、社区资源，实施村办幼儿园片区联动，共享优质学前教育资源。

1.建立"家长资源库",博采家长特长,为幼儿园教学所用

每学期初要求各班级教师对本班家长资源进行全面、深入细致地调查摸底,根据家长职业特点、兴趣爱好、特长等进行分类整合,录入"家长资源库"。成立学前教育家长委员会,定期召开"参与式家长会",让家长参与幼儿园重大决策的研究;举行"家长才艺展示月"、让家长在手工制作、民间游戏、民族舞蹈的展示中体验活动乐趣,分享成功的喜悦,并聘请有才艺的家长作为幼儿园的兼职教师,促进教师与家长的交流学习,在教育理念、教育方法等方面达成共识。

2.建立"社会实践教育基地",丰富社会经验,拓展游戏内容

各乡镇幼儿园认真落实《青岛市园本课程开发与建设指导意见》,依据全国《纲要》规定的教育目标、领域内容以及《青岛市幼儿园素质教育指导纲要》各年龄班的不同要求,结合幼儿发展的实际水平和本园、本乡镇的教育资源,在市学前办的具体指导下,组织教师共同编制适宜的园本课程方案,并不断规范和完善。如:海青镇的"海青茶"名扬全国,丰富的茶园、悠久的茶文化是我园得天独厚的社区文化资源。幼儿园每年都联系茶园、茶厂,开展社会实践活动。如大班以"我的家乡特产——茶"为主题,开展一系列园本主题教育活动。教师经常带孩子们去茶园观察茶叶的生长过程,跟茶农们学习采茶的方法、经验,体验采茶的辛苦与乐趣。到茶厂参观炒茶工序,了解炒茶的机器、炒茶的工艺,与工人交流炒茶的注意事项,孩子们在工人的指导下亲手操作,感受炒茶过程中的乐趣。由此而生成了角色游戏区"青青茶庄",孩子们将采茶、杀青、揉捻、成型、烘干等制作工艺惟妙惟肖地融入到活动中,再现了现实生活,丰富了游戏的内容,使游戏活动妙趣横生。

3.各镇处幼儿园根据邻近区域设立几个联络站,实行园际互动,差异优化

农村幼儿园点多面广规模小教师少,但又考虑到幼儿就近入园,不能过于集

中，我市就指导各镇处根据邻近区域把3-4个村办园划作一个片区，每片区选拔一名村小幼儿园长作片长，由村办园长、村计生主任、骨干家长组成本片区育儿指导小组，负责指导本站所辖社区的婴幼儿早期教养工作，通过建立家长信息登记、入户家访等，及时摸清家庭状况，掌握家长育儿需求，有的放矢地选取知识讲座内容，指导零散的家庭联手组织亲子游戏、合理安排婴幼儿营养膳食，开展"亲子故事会"、"育儿经验交流会"、"亲子运动会"等社区活动。本片区在师资、信息、资源、教育教学技术、方法、先进教育理念等方面实现共享，并实行片区内幼儿园捆绑式考核，促进小型幼儿园、薄弱幼儿园的快速均衡发展。

（三）聚力互动，推动幼儿园、家庭、社区"三位一体"育儿水平向更高层次发展

幼儿园、家庭、社区"三位一体"育儿机制就像三位演员演一台戏，既要调动各自积极性把内功练好，又要三者之间配合默契，才能上演一台好戏。为此，我们幼儿园、家庭、社区三者聚力，加强互动，实现共赢。

1.完善家长评优机制，激励家长积极参与

（1）每学期开展一次"家长之星"、"优秀家庭"评选活动，调动家长参与家园合力育儿的积极性。

（2）以邻近五个家庭为单位组建亲子游戏小组，定期、轮流在每个家庭组织开展亲子配对游戏（"猜猜我是谁"）、亲子PK会、亲子手工制作游戏等活动。各小组中，父母不仅是参与者，又是指导者、评价者，负责游戏的选材、组织与评价、反馈，及时记录孩子的成长和进步。

（3）开放"优秀家庭"的亲子活动，就近邀请其他家长走进"优秀家庭"，现场观摩、学习、体验活动过程，交流育儿心得，学习育儿经验。

（4）每年"六一"儿童节，我们都组织家长进行"教子一得"的评选，举办

家长育儿沙龙，教师参与其中进行指导，家长就育儿工作进行头脑风暴式交流，家长之间彼此分享育儿经验、交流育儿困惑、研讨育儿措施。家长在参与的过程中，更新了教育理念，激发了家长参与幼儿园活动的热情，体验到了与幼儿园配合教育的乐趣，拉近了亲子间的感情，学会了与孩子沟通、交流、游戏的方法，提高了家庭育儿水平。

2. 把社区、家长"引进来"

（1）开放幼儿园设施、场地。我们规定每周六上午向幼儿园所在辖区的0-3岁幼儿、家长开放户外活动场地、户外游戏，家长可带领幼儿来幼儿园熟悉环境，并利用幼儿园场地和设施开展亲子游戏。帮助幼儿建立最初的入园情感，为今后的入园工作奠定基础。建立"家长阅览室"和"幼儿阅览室"，家长、幼儿可到阅览室翻阅杂志、报刊、图书，教孩子看图书、学习阅读、训练思维等。

（2）开放幼儿活动。我们创新家长开放日，让家长更深入地了解学前教育的新理念、新方法。主要采取三种开放模式：一是针对家长工作存在的薄弱环节组织开放日；二是锁定一日活动的某个环节的开放；三是成果展示式开放。如我们组织了主题活动"可爱的小动物"的开放，在家长开放日之前，我们在"家园互动"中留言"请您和孩子一起准备"，短短几天，幼儿从家中带来了有关小动物的各种资料，为主题活动"可爱的小动物"的开展提供了足够的条件，家长在搜集材料的过程也体会到教会孩子互助学习的好处和乐趣。

3. "走出去"，服务社区、服务家庭

（1）我们积极组织幼儿参与社区文化活动，培养幼儿的公民意识。每年配合"爱国卫生运动"的开展，组织大班的幼儿开展"我是环保小卫士"活动，向社区宣传环保知识，发放宣传材料，到社区的树林中捡丢弃的废纸、垃圾等，以实际行动为社区的整洁献一份力量，向社区展现了新时代幼儿的良好风貌，培养了幼儿的公民意识和社会责任感。同时，我们还定期安排保健室为社区散居儿童体检，进行生长发育达标评价，为家长提供健康合理的膳食营养指导。

（2）开展教师入户指导活动，提高0—6周岁婴幼儿的家庭教育质量。实行全员育儿成长导师制，每名教师对所分管的婴幼儿定期进行入户家访，发放早期教养宣传材料，认真指导育儿方法及合理膳食，详细记录指导内容，并进行阶段性回访。同时对在园幼儿实行普访，认真细致地做好每一名幼儿的家庭教育工作，以其实现家园共育。如：指导家长成立兴趣小组，按居住区域将幼儿划分小组，指导教师针对教学目标定期与家长切磋，同时根据家长的特长，帮助其创设环境，有目的地引导家长开展有意义的教育活动和游戏活动。通过这些活动，有力地推动了我市学前教育的发展。

家长犹如智者，给予幼儿园及教师许多启示；家长犹如朋友，实乃育儿的伙伴。社区丰富的优质资源是我们教育的大课堂，为孩子的创造学习搭建了广阔的知识平台。家庭、幼儿园、社区一体化教育的开放与创新，为我市幼儿教育的发展开辟了新的道路。

三、创新优化园本教研方式，促进农村幼师的专业化成长

为落实市局"加快城乡教育一体化进程，推进城乡教育更高水平均衡发展"的工作思路，我园立足农村幼师知识层面比较低、工作压力大和农村幼儿园点多而比较分散的实际，构建了乡镇级中心幼儿园与村办，园一体化建设与管理体系，创新优化园本教研方式，促进农村幼师的专业化发展。现将具体做法如下：

（一）从主题化案例分析入手，让教师在"学习、辩论、展示、反思"中成长，提高园本教研的实效性。

主要做法：

1. 确立研究主题，剖析优秀案例，学习先进做法，理清活动思路

对活动中最真实的问题的关注，是教师提升智慧、走向专业化发展的重要一步。研讨主题的确定必须是来自教学实践，可以是一日活动的各个环节。例如：环境的创设、目标的确立、个案现象、单个的集体教育活动、自制玩教具等等都可以作为研讨的主题。比如我们大班最近搞的活动区研究主题"超市该去还是留"，问题的提出就在于大班的超市几乎成了摆设，孩子们在选择活动区的时候大部分愿意选择一些有意思的、有挑战性的区角，没有孩子愿意默默无闻的当一个收银员，久而久之超市就成了一个理所当然的"材料存放区"。如果轻易的就取消这个区域，那么由其他社会性区域所引发的一些跟购物有关的社交活动则无法开展。因此我们就组织了这个主题的研讨活动，在寻求相关理论支持的同时，还通过网络、报刊搜集一些相似的主题研讨活动录像、视频等，组织教师们进行剖析、借鉴，理清思路。

2. 围绕研究主题，展开集体讨论，实施智慧碰撞，确立解决措施

有了初步的思路以后，就组织教师们围绕主题展开辩论，例如"留的意义在哪里""去的损失在哪里""怎样让超市不成为活动区中的'鸡肋'？教师们在辩论的同时，一方面会借鉴已有的经验结合现实问题将理论与实践有效统合，另一方面在不断地再现活动区观察记录的同时找到问题的关键所在。最后正反两方本着"以幼儿为主体"发挥教师主导作用的原则，把主动权放给幼儿，根据幼儿活动需求临时创设，教师进行积极引导，采取有效策略让超市"火"起来，"活"起来。

3.实践研究主题，组织活动展示，观摩研讨学习，互动合作提高

达成共识之后，教师们便积极行动起来，共同制定活动策略，活动过程中教师们积极的观察、记录、分析，然后针对问题进行调整再实施。

在辨析研讨的过程中，教师们查阅资料、撰写方案、分析记录、研讨切磋，互相学习，互相启迪，不仅大大活跃了幼儿园的教研气氛，还使教师们提高了观察记录能力、分析反思能力、活动组织的有效性，掌握了研究方法，普遍地提高了教师的教研能力。

4.立足幼儿实际，深入反思完善，进行流程再造，落实实践再创

有关老师在参加集体研讨、观摩、学习的基础上，认真研究所教幼儿的实情，深入反思，进行活动流程再造，完善活动方案，实施组织教学，并且进行自己教学后的再度反思总结。

（二）实施科研带动，实现课题攻关与教师发展的双赢

近几年，我园坚持"一日活动即课程"的大教育观，进一步完善了"生活课程"，申请并开始了《走进自然教育，促进幼儿自主发展》、《适当开展混龄活动，促进幼儿亲社会行为的发展》、《家园合作，共同搞好幼小衔接》的教科研课题研究。结合课题研究，我园采取"一个主题多次研析"的教研方式，自主研究了农村户外活动材料的开发与利用、混龄活动对独生子女亲社会行为的影响等等。在课题研究过程中，既带动了教师的专业化提升，也使孩子们获得了有益于身心的发展。使课程的实施与课题的攻关得到了自然融合，实现了课程开发与教师专业化发展的双赢。

（三）坚持制度化要求与自主性学习并存，提高学习的有效性

我园把更新教育观念和落实教育技能作为两条主线渗透在各种学习和各类活动中。园内开展的"图书漂流"、"活动反思"等活动，要求教师"把学习当成

一种习惯"、"在交流中能体现教育思想",有效的提高了教师们的教育智慧。同时为规范教师的学习行为,制定了《外出学习汇报制》,保证教师带着问题学,自己学到手,回来传到家,提高了教师的外出学习质量。每个活动我们都做好两个注重:注重研究过程,注重理论与实践的结合。教师们在学习、研究、内化的过程中得到不断的锻炼与提升。

(四)开展"走近名园,异地学习、城乡手拉手"活动,在交流中取长补短

我们非常珍惜与其他公办幼儿园的手拉手关系。每年我们都根据自己幼儿园的实际需求,与对方共同商讨确定互帮互学的内容,例如:送课下乡、教材培训、电化教学的应用等,我们则提供相应的民间游戏素材、乡土课程开发等相关内容。这种真诚的有针对性的城乡手拉手互动,使两个单位实现了信息共享、资源共享、技术共享,教师们在活动中更新了观念,锻炼了技能。当然,相比之下,我们的老师和孩子是最大的受益者。

(五)认真组织参加上级教研活动,关注研究过程,注重研究实效,全面提高教师素质。

市级教研活动对于教学方法的改进、教师专业化发展起到了一定的导向作用。近年来,市学前办开展了丰富多彩的展评活动,如:教学方法评选、优秀案例征集、案例分析、自制教玩具评选、公开课、教学能手评选,以及每年春天中心幼儿园、墨得水幼儿园、野猪幼儿园面向全市的开放等等,为基层教师搭建了交流、观摩、学习、提高的平台,有效地促进了教师的专业化水平提升。我们认真落实上级通知要求,广泛发动,全员参与,开展研究,择优推荐,不为活动而活动,而为学习来研究。作为管理者,我们借风行船,强化培训,依据现实需求确立重点指导内容,切实提高了教师的专业化水平。

（六）面对农村幼师流动性较大

每年都有新教师入园任教的实情，我们采取了"村办园教师到中心园顶岗培训"的策略，实行中心园与村办园教师双向互动，促进全体教师的专业化素质进一步提升。

稳定师资队伍，加大师培力度，加强幼师的培训工作。不论是公办幼师，还是民办幼师，都应该参加培训学习。提高人的素质是教育的最终目的，而提高孩童素质的关键，首先在教师。加强幼师培训，从小的说，是为了增强幼师的教学水平，促进幼儿的健康成长，而从大的说，是为了未来建设者的进一步发展奠定基础，为了未来社会的健康发展。简而言之，学校培养的人决定着未来社会的发展方向。

镇托幼办应严格执行园长及幼师的资格准入制度，各人员需持证上岗。按照相关规定，妥善解决幼师的待遇问题，确保幼师能够享受到与当地民办小学教师同等的待遇，为幼师办理社会保险，确保幼师退休养老等待遇，结合《幼儿发展纲要》与《新劳动法》，构建大周镇幼儿教育发展规划方案，为本镇幼儿教育事业的发展提供扎实的理论基础。另外，镇政府应积极出台完善的规章制度，为幼师建立健全的保障体系，稳定该地区的教师队伍。

加强家园互动，争取社会支持。幼师与每个人一样都生活在这个大社会中，而社会大环境会对幼师的工作与身心状况产生一定的影响。社会及教育主管部门应向幼儿园倡导科学的教育价值取向，使幼师的教学方式日益多样教学内容日益丰富。同时，在幼儿园中应该积极倡导尊师重教的风气，提高幼师的地位与待遇，增强幼师的职业自豪感，将发展幼儿教育事业作为一生的追求，形成坚定的职业观念。努力提升幼师的社会地位及各种待遇，逐渐缩小和小学教师的差距。

建立科学的管理体系,主要可以从以下几个方面着手:

1. 制度管理,理顺关系。在幼儿园的管理上,应做到合理科学、权责分明、上下协调以及各司其责,使每个层次的功能都能够得到有效的发挥,且各级各层都能够有序的分担一定的压力。

2. 透明管理,凝聚人心。应积极鼓励幼师参与决策与评价等管理环节,使幼师树立主人翁的意识。

3. 提升幼师的专业技能。课程的改革给幼师带来了巨大的挑战,为了更好的展开工作,幼师需要不断的丰富自身的专业知识与技能,镇托幼办与园长应为幼师的发展及成长提供一定的平台,组织相关的知识技能培训,定期的更新、充实幼师的专业知识与技能,积极建立一支高水平的幼师队伍。

随着社会的进步与教育的发展,政府部门、社会各界以及教育研究人员开始,将更多的目光投入到幼儿教育事业中,逐渐认识到幼儿教育对我国教育事业发展的重要性。近几年,我国的经济快速发展,城市体系逐渐转变,城乡结合部逐渐消失,我们可以相信,在不久的将来会有更多的资金与资源流入到各级幼儿园中。

幼儿是未成年中年龄最小的群体,牵动着千家万户的心,而作为幼儿启蒙教育的幼儿园教育也一直备受政府部门及社会各界的重视,随着我国经济的繁荣、综合国力的提升,我国的幼教事业、幼教事业将会有更加美好的明天。

四、树立现代管理理念,密切家园联系

(一)树立"以人为本"的现代管理理念,营造宽松的工作环境

关爱别人,就是仁慈,了解别人、、就是智慧。所谓"以人为本"的现代管

理理念，就是坚持以人为本的思想，尊重、信任、服务、依靠和团结广大教职员工，采取多种激励措施，建立和谐的人际关系，充分调动教职员工的主动性、积极性和创造性的一种管理方法，使教师在这种氛围中快乐幸福地工作。

幼儿教师是一个特殊的社会群体，几乎都是清一色的女同志，有着与其它社会群体不同的需要和心理特征。她们独立、自尊，注重自我形象，在乎成就、荣誉，希望被社会尊重，同时承载了许多社会、家庭的希望和责任。面对这样一个较为特殊的群体，怎样的管理才能较好地激发女教师的工作内驱力，极大调动其工作的热情以减轻或缓解其职业倦怠感呢？实践证明，真正地把教师放在"第一位"的人本化管理是解决问题的一味"良药"。只有真正地把教师放在"第一位"，教师才会以饱满的热情、充沛的干劲投入到本职工作中去，幼儿园才能真正担负起促进幼儿健康发展的终极目的。同样，由于教师得到了重视和尊重，教师的主体性才有可能真正显现。近年来我园坚持以人为本的管理理念，强化人的发展与价值体现，通过树立"依靠人、信任人、关心人、爱护人、培养人"的思想，做到知人善用，用育兼顾，积极搭建绿色平台让教师施展才华，努力营造"轻松、愉快、和谐"的工作、学习环境，充分调动教职工的内驱力，从而达到管理的最优化。

（二）运用科学化、民主化的管理，促进幼儿园和谐发展。

幼儿园的管理工作主要是管好单位的人、财、物。其中最难的是对人的管理，即引导人的思想、规范人的行为。工作上讲原则，生活中讲感情。谁有错就批评，谁有成绩就表扬鼓励。做到公平公正，一视同仁，一位领导曾经说过这样一句话让我受益匪浅，他说如果在工作中一个人都不得罪那就是得罪所有人，只有公平公正才能让老师和园没有距离感，让老师们心情愉快，她们才能全力以赴的投入到工作中去。

首先，现代的有效管理模式应该建立在信任和激励教师的基础之上，应增强和提高，教师自身的民主意识，树立自己的理念，创新自己的工作方法，并使其主动在实践中反思自己的行为，形成团队协作、相互沟通、相互支持的良好氛围。随着"以人为本"思想的提出和实践，我园逐渐将激励机制、情感交流引入管理中，从人的根本出发，通过满足人的合理要求，创设良好的人际环境，激发被管理者的积极性来提高管理效果，并辅以各种必要的规章条例、管理措施，从而形成凝聚力强、战斗力强、工作热情高、工作效率高的集体。

其次在管理中要坚持以民主集中制为原则，经常听取教职员工和职能部门的意见和建议，充分发扬民主，使全园上下形成共识，共同监督。近年来，我园通过加强对常规工作的检查力度，使幼儿园的各项规章制度和幼儿园内部体制改革能够真正贯彻与落实，使幼儿园逐步走向规范化、科学化、制度化，特别是加强了对日常工作考核和年终工作，考核工作方案的研讨，在耐心征求全体教职员工意见的基础上，对年度目标奖惩考核方案、教学专项奖等进行了适度调整，充分显示了幼儿园管理的公开化与人性化。极大地调动了教职工工作的积极性，提高了保教工作质量，为促进幼儿园和谐发展奠定了坚实的基础。

(三) 密切家园联系，发挥教育合力

我们农村幼儿园留守孩子较多，父母外出打工，多数孩子在家由爷爷奶奶带，老年人不懂得如何科学的教育孩子，而是一味地要求学习小学化知识，和他们沟通起来比较难，我们的做法是请家长们进园参加半日活动，看看孩子在幼儿园应该学些什么，请专家到园宣传家教知识，上网上找一些科学育儿知识发给家长，其次是加强对老师的培训，组织学习《幼儿园教育指导纲要》和《幼儿园一日活动组织管理要求》，从实际出发。遵循教育规律和幼儿身心发展特点，以爱为核心，规范一日常规要求，为幼儿提供健康、丰富的生活和活动环境。我们首先要让教师强化自己的素质，学习管理学、幼教心理学苦练各项基本功，如，书、写、画、弹、唱、跳、诵等。积极参加各级各类培训，只有提高自己的素质，才能在深化教育改革中提高办园的管理水平。

大力开展独具特色的家长志愿者活动,邀请家长参加我园教育教学活动的组织与实施,我园充分利用"三八"妇女节、"六一"儿童节、庆"元旦"汇演、举办家长开放等形式,让家长走进课堂、听课、评课,参加研讨,充分发挥"亲子乐"的作用,让家长与幼儿一起参与到主题探究的活动中,共同搜集与主题相关的资料及活动材料,家长参幼儿园环境布置和提议,与幼儿一起同乐,一起分享孩子的学习成果。开展"变废为宝"的创意制作活动,举办阳光欢笑亲子情、、家园同乐运动会、家园同乐表演等,这些活动的,开展极大地调动了家长、幼儿参与活动的积极性,在家园之间架起了友谊的桥梁,得到了家长对我们工作的支持和肯定。同时,我园还举办了两期家长学校,通过家长学校,开拓了家长的视野,增进了他们对幼儿园的了解,提高了家长的育儿水平。

五、利用农村自然材料　丰富幼儿活动

《幼儿园教育指导纲要（试行）》指出：幼儿园教育应为幼儿"提供自由活动的机会,支持幼儿自主地选择、计划和活动","为每个幼儿提供表现自己长处和获得成功的机会,增强其自尊心和自信心"。农村有许多得天独厚的自然和社会资源,作为农村的幼儿教师,要巧用这些乡土资源,使它们成为农村幼儿学习各种知识技能的财富。主题教育活动、区域活动和游戏活动是当前幼儿园实施素质教育,推动幼教改革的重要的教育活动形式,也是最能体现《幼儿园教育指导纲要》的精神。农村的自然环境为幼儿提供了丰富、开放、天然、有趣的活动场所,农村丰富的乡土资源成为农村幼儿学习知识技能的财富。在实践的过程中,

我们认真探索并进行大量的收集、整理、创编等工作，营造了乡土材料应用的大教育环境，形成了实施乡土教育齐抓的合力，使孩子有了受到良好早期教育的环境。

"来自孩子的生活，高于孩子们的生活，又还原于孩子的生活"的新课程理念。走具有农村幼儿园特色的发展之路。我园在开展活动区与幼儿发展的研究过程中，对活动区与幼儿发展进行了一系列精细化的研究，在"创设不断与幼儿相互作用的环境和材料"的教育理念的引导下，深入挖掘农村自然材料在幼儿园活动区中的有效利用，力求达到"环境创设主题化，区域设置科学化，材料投放精细化，教师指导有效化，幼儿发展最大化"，尊重了幼儿的个体差异，满足了幼儿个体的发展需要，力争使每一件材料都能与幼儿互动、与幼儿对话。

农村丰富的自然材料、传奇的民间工艺为我们的幼儿园区角活动提供了丰厚的深得幼儿喜爱的材料资源。我园在采用自然材料充实构建活动区的过程中，经历了四个阶段：材料的收集运用阶段、其教育价值的反思论证阶段、广泛的实践运用阶段和总结提高阶段。

在农村大自然中创设主题教育，形成农村幼儿园的办园特色。陈鹤琴先生指出"大自然是我们最好的老师，大自然充满了活教材，大自然是我们的教科书，我们要张开眼睛去仔细看看，要伸出两手缜密地研究"。她特别强调在教学过程中应当"活"，幼儿要亲历亲为，动手动脑，这样求的知识才是真知识。因此在众多主题教学过程中，我们要根据本园实际和本班幼儿的年龄特点学会选择、创新、生成主题，不能一味地的死搬硬套。如，我园中班组为了让幼儿亲身感知真实的社会生活，开展了"超级市场"主题活动，带孩子亲自去超市购物，引导孩子学会如何与他人交往、与他人合作。又如为了让孩子能探索自然、发现自然，而把孩子带到农贸市场、果园、菜地等地，使他们在现场获得最真实、最真切的感性经验与不足为幼儿探索自然、发现自然提供了一条最佳途径。

依托乡土资源，开展特色区域活动。适宜的材料能引发幼儿活动的兴趣，开发幼儿的智力，幼儿在操作、摆弄材料的过程中会不断开动脑筋，积极思考，向自己挑战。因此，教师应非常重视材料的提供与利用。

一是植物资源的利用。我们在幼儿园里专门开辟了种植区，种一些简单易长的蔬菜与农作物，让幼儿了解蔬菜、农作物的生长特性，了解其生长环境及生长过程，并引导幼儿做好观察记录。教师还组织幼儿采、摘、挖菜，并且引导幼儿品菜，这样不仅能让幼儿体会到劳动的收获，更能知道怎样珍惜劳动的成果。我们还把采来的劳动成果陈列在自然角，让幼儿观察、比较、识别、分类，并对教师和幼儿共同收集的各种种子、野果、树叶、竹子、稻草、松果等进行了巧妙的利用，美工区给种子贴上"五官"制成种子娃娃，或进行种子、果核、果壳贴画，进行蔬菜瓜果创意制作，塑造一些活泼可爱的娃娃、小动物、小玩具等，用稻草制作稻草人、草帽、鸟窝等，表演区利用叶子、野草、野花编成头饰、服装，玩一玩"我的时装秀"，操作区让幼儿学大人用麦秸编篮子、筐子等麦秸编织工艺品。

二是动物资源的利用。对幼儿来讲自然界中"神秘"的小动物特别具有探究性。春天我们把小蝌蚪带进了自然角，教师与幼儿探索了蝌蚪生长变化过程。孩子们一来幼儿园便去自然角看小蝌蚪，他们会在每天的观察中发现小蝌蚪先长出后腿，再长出前腿，再蜕去尾巴。对每个发现，孩子都会奔走相告，并在自然角的记录纸上记下这一变化。幼儿对知了、蚯蚓、蛐蛐、蜗牛、蚂蚁，以及家禽、家畜等进行探索，观察这些动物的特点，并产生好奇、提出问题，学会用自己喜欢的方式表达探索结果和与同伴分享。

三是自然物质的利用。自然资源的利用已突破了以往的观赏价值，教师们更多的是将教育目标融入其中。农村最缺不了的是沙土石木。于是我们把泥巴搬进了"玩泥区"，让幼儿用泥巴和色彩组合成各种生动有趣的动物、水果。在"木材区"放置不同大小的木材，让幼儿进行多种探索活动。高低不同的小树墩成为幼儿百玩不厌的"平衡木"，长长的木条放在一个木墩上可以玩翘翘板，幼儿还可以用木材搭桥、搭桌子、构建房子等。大班幼儿还可以利用木材边角、料钉做喜欢的小板凳、桌椅、小汽车、小飞机等。山区山涧、小溪里大大小小、形状各异的卵石比比皆是，老师拣了许多大小不同、形状各异的卵石，然后让孩子们利用卵石画画、拼搭和建构游戏，利用卵石玩走石墩、小桥、小火车、跳房子、比比谁的小石头多等游戏，很好地促进了孩子的运动能力及数数能力的发展。

游戏是幼儿自发地、自主地与空间、材料、玩伴相互作用的情境性活动。幼儿园是幼儿游戏的主要场所，幼儿的游戏水平、幼儿在游戏中的发展直接取决于教师为其创设的游戏环境和提供的游戏材料。我园立足于乡镇幼儿园的实际，结合乡土化主题活动的开展，有目的、有计划地开发利用乡土资源，开展具有乡土特色的游戏活动，把游戏活动延伸到自然、社会、家庭中去，让每个幼儿在环境中获得自由、自主、和谐、愉悦的发展，真正体现出陶行知先生所倡导的"活的乡村教育要用活的资源"的教育思想。

（一）第一阶段：农村自然材料在活动区中的初步试用——材料的收集与运用

乡土资源中很多取之不竭、用之不尽又不用花钱的环境和材料，都可以用来开展富有特色的户外游戏活动。我们组织幼儿踏青、春游、拣落叶、捡石子、捉昆虫，让与大自然亲密接触，感受大自然的花草树木、鸟语花香，同时，幼儿在过水沟、走田埂、爬土坡的活动中不仅培养了热爱大自然的情感，而且还锻炼幼儿的身体，培养了幼儿坚强勇敢的良好品德。

自然材料在初始阶段是作为一种替代品进入我园活动区的。所谓替代，就是以相似的自然材料代替区角中配置的成品材料。秋天老师带幼儿去农庄掰玉米棒、摘玉米叶、抽玉米穗、搓玉米籽，带孩子用玉米杆、玉米棒、玉米籽制作长枪、手榴弹、手雷，玩"学做解放军"的游戏，用南瓜、冬瓜、西瓜、甜瓜玩体育游戏《运瓜乐》，用废旧轮胎玩各种背、抬、滚、跳、爬的游戏。例如大班的棋类游戏区中的棋子，由于幼儿的自我管理能力相对较差，经常丢失，教师就收集了一些杏核、石头、植物的种子等替代成品的棋子，却发现幼儿的兴趣更高了。再如，在小班的智力游戏区——串珠活动中，除了成品的珠子之外，教师又试着投放了一些高粱芯、橡皮瓶盖，孩子又来了兴趣，他们尝试着串起来当项链、手镯，挂起来当鞭炮。中班的孩子可以根据高粱秆的长短、粗细等特点进行排序活动；还有各种大小不一的树叶，孩子们可以用来粘贴、按照大小进行排队等等。自然材料在区角中的运用，引起了老师、幼儿、家长的极大兴趣。

在自然材料被作为替代品的初始阶段，教师已经意识到自然材料在区角活动中的教育价值，并萌发了将此类材料引入活动区的动机（念头）。而家长也对这一现象产生了浓厚的兴趣，认为如此不起眼的东西能在幼儿园得到运用很奇怪，愿意帮助幼儿园搜集、提供材料，并且提供的材料显示了一定的选择性、预见性。

（二）第二阶段，农村自然材料在活动区中的教育价值的提炼——反思论证阶段

能够让孩子在区角活动中始终保持浓厚兴趣，并促使活动情节不断深入，关键在于材料的可研究性、可创新性、以及其新鲜度。农村自然材料的引入，无疑引起了孩子的探究欲望。兴趣是行为的先导，如何在更多的区域内引入自然材料呢？如何发挥同一种材料在不同区域，在不同班级的教育价值呢？这在教师中展开了激烈的讨论和深入地研究。

举措一：让孩子的创造引领活动区的发展，启发教师换角度思考，探索自然材料的教育价值。做法：把相同的材料投入三个年龄段的操作区，让孩子自由玩，教师观察、记录、分析。例如：高粱秆的运用，小班孩子用来穿珠子，根据不同的颜色玩"接龙"游戏，排序等；中班孩子用皮和芯插接成眼镜、梯子、跷跷板、船、弹力玩具等；大班能力强的幼儿用玉米秆，高粱秆编成帘子，能力弱的幼儿在帘子上用废旧材料进行装饰。装饰好的帘子可以做屏风，也可以粘贴孩子的美工作品。户外活动时，大班的孩子还把玉米秆拼成梯子、房子等形状，练习跳、跨越等活动。由此可见，相同的材料在不同的班级里会被幼儿开发出不同的玩法，体现其相对不同层次的教育价值。

举措二：特色活动区评比活动。为促进自然材料在活动区中的广泛利用，更深层次地挖掘其在活动区角活动中的教育价值，我园组织了"自然材料的运用"为特色的活动区评比活动。该活动分两个环节进行，第一环节是区角的创设，主要定位在自然材料在各区角投放情况，创新利用情况。第二环节的重点放在教师如何引导幼儿创造性地利用自然材料开展活动及延伸活动。以此活动为切入点，教师们充分拓展了自然材料的运用空间。例如黄泥：在操作区，孩子们发现了硬泥和软泥、生泥和熟泥的不同特征，并通过主动探索与尝试，选择适宜的泥块改变原有的形状，从事美工活动。教师在指导过程中，通过提供图片，模型以及适时的指导，教幼儿学习基本技法，通过添加各种辅助材料——木棒、各种植物的种子等，帮助幼儿创作出了各种小动物及食品水果等。在建构区，孩子们合作构建城堡，大桥等造型，或进行"摔瓦屋"的竞技比赛；在其它社会性区域里，孩子们可以运用成型的泥制品进行交往。由此，单一的材料，通过教师有目的、分层次的投放，实现了自然材料在操作区、益智区及社会性区域中的教育价值。

举措三：合理利用家长资源。农村自然材料来自于农村家庭及社区，紧紧依靠教师收集的一些自然材料显然很难满足区角活动的正常开展，而家长资源恰恰满足了我们的这一需求，如何加以引导利用这一资源呢？于是我们在区角活动评比之后开展了一次家长开放日活动，重点展示自然材料在区角活动中的利用，让家长了解自己的孩子在运用、操作这些材料的过程中得到哪些有益的发展。由此给家长一种理念：操作自然材料既能促进孩子动手能力、创新能力的发展，又对幼儿进行了勤俭节约、环保方面的教育，这样的活动家长一百个支持。在以后的活动开展过程中，家长积极地参与收集活动，并逐渐的能根据材料的特点进行分类，而且能够给教师以合理的建议。

发动家长利用乡土材料制作各种可以让幼儿玩一玩、做一做、锻炼锻炼的器械，如高粱杆、木头、黄沙、锯削、刨花等，经过加工都可以成为很好的户外活动器具，用木头自制小推车、担水的扁担、陀螺、打尕，用木棍做木马、花轿，用柳条做山洞、做体操圈，用锯削做沙袋、用黄沙做沙包……这些玩具既漂亮又实用，远比在商店买的运动器具更具有野趣和挑战性，更能让孩子在锻炼、游戏中获得快乐。在收集材料的过程中，我们和幼儿一起讨论、商量各种材料的特点与用处，为开展角色游戏活动奠定基础。在商店和超市的游戏中，有孩子们自己收集的各类食品和生活用品的包装盒、塑料瓶，在医院游戏中，有用一次性纸杯做的听筒、纸盒做的X光机器、废旧报纸做成的各种药丸，在娃娃家游戏中，各种各样的包装盒在教师与孩子的加工后，变成了娃娃家里的电脑、电视、空调、洗衣机、家具、灶具，变成了马路上的各种汽车、小区的漂亮楼房。在美食城游戏中，孩子们用纱布、海绵、泡沫纸、橡皮泥、废旧的布做成的胡萝卜和青椒、藕、面条、各种烧烤等。这些游戏材料干净卫生、经济实惠既贴近幼儿的生活，又给孩子留下了较多的想象、创造的空间。

（三）第三阶段：农村自然材料在区角活动与课程结合的过程中的纽带作用——特色形成阶段

自然材料的广泛运用是否会游离于课程主题之外，如何实现其自然的融合呢？举例说明一下我们的做法：根据课程目标，确立活动主题；根据主题内容及孩子的兴趣，创设活动区，投放材料。例如：教师依据《春天说了什么》的主体目标，设置了有情景的活动区，引导幼儿不断探索和解决问题。为了让幼儿了解天气情况，适应天气变化，我们改变了以往的气象台由阴、晴、雨、雪等标志固定在一个画面上，孩子报告天气就是简单的操作一下标志的做法。如今，我们设置了一个活的气象台，在这里幼儿们可以"做中学"，进行以下探究活动：

1. 记录今天的天气，选择与天气相适宜的服装；

2. 观察并记录昨夜星空，预测明天天气；

3. 记录并统计本月的气温变化。

如小班，教师预先做好的太阳、云、雨、雪等的立体标志材料，直接用子母扣扣在画有背景的天气板上，给孩子选择的衣服也是家长从家里带来的婴儿衣服、鞋等穿戴在记录旁的比幼儿稍矮一点的娃娃身上；中班，幼儿用自制的图片来表示天气和适宜的衣服；大班，幼儿用自己的画、符号、数字和图表来表示。小小的气象台，使幼儿学会了探究和解决问题，学会了生活。

（四）第四阶段：以农村特色为主的园本课程的形成——总结提高阶段

在新一轮课程改革的大背景下，随着园本课程的开发和完善，自然材料的运用已逐渐成为我园课程的一大特色。通过以上三个阶段的研究探索，我园初步形成了生活化的乡土自然课程。在课程实施中，教师有目的、有计划地依托大环境，创设新环境。充分利用乡土自然资源、家长社区资源，为幼儿提供丰富的自然材料，发展幼儿动手操作的同时，又使幼儿掌握多种技巧，创造性地变化自然材料的玩法，使自然材料一物多用，为幼儿创造力的发展提供了广阔的空间。在实践研究的基础上，我们编写了独具农村特色的、深受小朋友喜爱的园本课程，并在全镇幼儿园开设。

　　课程的建构，源于生活，高于生活。自然材料，是农村幼儿园宝贵的课程资源，但是在运用的过程中，不能成为课程建构的一种局限。要立足农村，以现代化的科学发展理念为指导，活动区的创设，既要体现农村特色，又要根据幼儿园实力，提供相对数量的成品玩具，使自然材料与成品材料按一定标准配比。这样，让幼儿参与活动时，既能感受到先进的、高档的玩具所带来的刺激，感受到成品玩具中包含的科技含量和创意；又能在摆弄自然材料的过程中充分体验创新的快感，在一定程度上，成品玩具又能帮助幼儿获得对自然材料创作的灵感。再者，教师在投放材料时，对自然材料要有选择性和目的性，必要时要进行半成品加工，不能一味的求多、求全。总之，农村幼儿园要从实际出发来开发课程，要利用当地资源，就地取材来制作教具和玩具，让幼儿动手操作、创意、制作等，从而对幼儿进行创造性的培养和启迪。农村自然材料在区域活动中运用，提升了教师"以幼儿为本"的教育理念，让教师掌握了"适时引导、拓展材料运用空间、激发幼儿兴趣"的农村自然材料在幼儿园活动区中利用的有效策略，形成了促进区域活动深入开展的规则，具有无穷的开发潜力和研究空间。

六、农村幼儿园后勤管理

　　农村相对于城市而言，基础保障较为薄弱，疾病传染更加容易。而幼儿免疫力不足，因此，农村幼儿园保健任务相对于市区幼儿园而言，责任更加艰巨。

（一）提高对卫生保健工作的重视程度

卫生保健是儿童健康成长的基础，所有保证幼儿在幼儿园内身心健康发展的措施均可归类在卫生保健工作范围内。因此卫生保健工作是一个非常复杂而浩大的工程，需要社会的各个机关的支持和关爱，幼儿园的和家庭的各类人员，园长、保健师、教师、后勤、清洁、家长等积极参与，做好相关配套工作。幼儿园责任重大，既需要承担教育任务，又需要负责保育任务，幼儿人口密度较为集中，同时幼儿好动接触面广，一旦发生单个儿童出现病患情况极易形成大规模交叉传染和二次感染，而教师带班很难照顾到每一个幼儿。农村幼儿园尤其容易出现缺医少药，管理不严，人手不足等情况。因此对于幼儿园，尤其是农村幼儿园，需要把卫生保健的管理工作放在行政管理的首位。同时为了防止特殊疫情的产生，需要定期进行体检和物检，因此应把卫生保健作为幼儿园的日常规划之一，作为规划配套，还需成立专

门的幼儿园卫生保健管理机构和专职人员，并划拨专项经费，对于购买消毒用品、药品和医疗器械等进行优先报销。对于农村幼儿园，由于财政有限，加强卫生保健支出经费可能会出现赤字，因此社会需要对此关注，进行一定的费用减免和补助。

（二）做好体检，将病魔拦之门外

对于入园幼儿，应该做好全面的健康检查，对于农村可能出现的血吸虫病等地域性疾病需要重点检查，对于检查情况需及时与医院沟通。对于检查不合格者，根据具体情况与医院进行联系得到指导，在查阅条款得到法律支持后，可以拒收或者重新接种疫苗。同时需要关注幼儿的传染接触史。发现可疑者需重新检查，确保万无一失。

（三）加强儿童健康监控

为了监控幼儿的身体情况，保证情况的发现速度，需要坚持做好晨检，尤其需要注意一些平常不容易被注意的症状。一旦发生病情或者疫情，首先做好记录，及时迅速的隔离并联系医生，做好控制病情的准备工作。对于无传染的病症可以联系家长接回家中进行治疗。主要的检查方法有全日观察，问看摸查，对手脚进行详细检查是否有污物。除了检查是否有病情还需要检查是否有尖锐的物品，同时联合家长，做好家庭与学校联合的防护网。对于毛巾、杯子等日常用具需要一天进行一到二次的消毒，餐具做到用餐前消毒，玩具和教育用具根据具体使用频率从每周到每月进行一次消毒。加强对学生的安全教育，例如不喝生水，爱护眼睛，日常清洁等等。

（四）加强安全教育，提升保护理念

家长把孩子交给幼儿园是对幼儿园的信任。因此幼儿园需要将幼儿的安全放到首位。因此需要做到以下几点：

1. 对于尖锐物品禁止儿童接触，如碎玻璃、铁钉、剪刀等。

2. 对于可能造成高温的物品禁止使用，如电热毯、打火机等。

3. 适量运动是应该的，但对于危险运动应该禁止，如摔跤，丢石头等。

4. 加强儿童自我保护教育。

5. 对于大型户外玩具，如攀登架和滑梯等，应定期进行检修。

（五）均衡膳食，健康成长

幼儿的身体发育非常迅速，需要大量的营养才能保证幼儿的健康成长，为以后的发展打下坚实的基础。幼儿园需要重视膳食安排，成立膳食研究和管理机构，营养师牵头，保证膳食合理搭配。根据季节使用时令蔬菜，针对幼儿年进行搭配，保证热能充足、足够的蛋白质和适量的维生素与无机盐和口味的多样化，炊事管理员进行核实，确保食品安全，园领导和家长进行监督和反馈。定期召开一次研讨会，征集各方意见和膳食调查结果，以食物金字塔为指导，制定出适合自身的食谱，并能对村民与教职工宣传营养知识了解对幼儿的重要以达到对工作的支持。农村由于具有农田耕地，在这方面具有相当大的优势，可以和村民进行定的协商，专门种植幼儿园需要的蔬菜，保证蔬菜的新鲜程度和营养，并能节省开支。一旦发现营养不足或者失衡，就应立即改进，保障儿童的健康发育。加强对保教人员与炊事员的营养知识，进行知识培训，定期开展营养知识普及活动。

（六）重视疫苗 重视免疫

农村有一部分人对于疫苗的接种不够重视，导致一部分儿童的疫苗接种不符合规范，甚至缺少免疫证。因此幼儿园一定要把好进来这一关，有关管理人员在入园登记时一定要做好记录，认真审查，对于不符合规范和免疫证缺失的儿童需要通知监护人进行程序补办保证每一个幼儿园内的儿童都按照标准规范进行接种，提高儿童的免疫系统机能，减少疾病发生和传播的可能性。对于具有先天性病症的儿童，如贫血、肥胖、弱视等儿童需要建立档案，额外关照，并针对症状与医院进行沟通进行定期复查。

对于教职工也是如此，上岗前进行完整体检，每年进行全面体检是基础要求，对于不合格者需要进行一定的岗位调整，或者暂时离职。体检完成后及时做好统计和反馈。推动农村幼儿园保健工作的顺利、可持续性开展。首先要牢记"健康第一、儿童第一、加强教育、以防代治，防治结合"用一切手段保证幼儿保健的顺利开展，认真执行卫生计划，教职工与家长同心协力，共同为孩子撑起一篇成长的蓝天。

第六章 家园合作成就幸福童年

引言

　　幼儿园与家庭是影响幼儿发展的两大主要环境，各自都蕴涵了丰富的教育资源和教育内容。双方各自的特点决定了其在幼儿成长过程中发挥不可替代的作用。而两个系统之间只有协调一致，形成教育合力，才能达成促使幼儿朝着家园期望的共同方向——身心健全、和谐发展的最终目的。

　　随着儿童从家庭进入幼儿园，儿童发展中两个最重要的微观系统家庭和幼儿园之间开始形成一个重要的中间环境系统——家园关系。良好的家园合作关系的建立有其独特的、重要的价值，它不仅是促进儿童全面发展的需要，而且也是学前教育依法治教的需要，同时还能推进我国学前教育改革的国际化进程，此外在教育实践中也有重要的现实意义。

　　首先，家园合作有益于儿童身心全面和谐的发展。学前教育是一项极为复杂的系统工程，著名教育家陈鹤琴先生曾指出"幼儿教育是一种很复杂的事情，不是家庭单方面可以单独胜任的，也不是幼儿园一方面可以单独胜任的，必须两方面结合才能取得充分的成效"。对于从家庭环境进入迥然不同的集体环境的幼儿，家庭和幼儿园合作尤为重。家园合作是人的发展的需要。对于人来说，文化世界才是最本质的。哲学家、人类学家兰德曼说："生活很少以自然的安排为基础，而是以在文化上被塑造成的形式和惯例为基础。我们已历史地获悉不存在自然的人，甚至最早期的人也生活在文化中。"也就是说，人不能脱离他生长的社会文化环境，它对幼儿发展所起的作用是任何其它因素所不可比拟的。因此，幼儿教育必须从幼儿家庭、幼儿因特定的环境中所经历的活动、承担的角色及建立的人际关系出发，协助相关社会力量，共同促进幼儿的发展。其次，家园合作有利于家长资源的充分利用。影响幼儿发展的不只是幼儿园教育，幼儿园只是幼儿接受教育影响的环境之一。家庭是幼儿园更重要的成长环境，它无时无刻不在发挥着教育的功能，而且，家长与孩子之间不可替代的血缘关系、亲情关系、经济关系以及家庭影响。因此，家庭教育更具有感染性、长期性和针对性，教育内容复杂丰富且教育方法灵活多样。同时，幼儿的家长来自各行各业，可谓人才济济是幼儿园得天独厚的教育资源。让家长各自的专长参与幼儿园的教育，可以使他们深层次地了解幼儿园、了解幼儿教育。第三，家园配合一致促进幼儿健康、和谐的发展是，家长的最大心愿也是幼儿园教育的最终目的。幼儿园教育与家庭教育在目标和方向上是一致的。家长、幼儿园均作为教育者，是对幼儿实施促进发展教育的主体。在幼儿教育中，幼儿园固然有自己的优势，拥有专业的师资、专门的设备、预定的课计划、精选的教育内容等，然而，与大自然、大社会相比，幼儿园毕竟只是一个小天地，所拥有的教育资源非常有限，这里的资源不仅指物质设备、空间条件，更包括教育者的知识素养和教育能力。这种资源不足的缺陷在过去以直接教学为主的教育模式中或许并不十分明显，但在今天，尤其是倡导"通过与环境的相互作用而主动学习、有效学习"的情况下，资源不足就真正成为影响教育质量的问题。因此，只有家庭和幼儿园充分合作，才能弥补幼儿园教育资源的不足，形成合力，促进幼儿全面健康和谐的发展。

其次，家园合作有利于学前教育法规的贯彻执行。在我国，国家和教育管理部门颁布了一系列学前教育的政策与法规，都明确规定幼儿园必须与家庭合作，以提高幼儿教育的一致性和有效性。年教育部颁布的《幼儿园暂行规程草案》中指出"要使幼儿家庭教育和幼儿园教育密切配合，教养员一方面帮助家长正确地进行家庭教育，一方面应从幼儿家庭了解幼儿的环境、性格和家长对幼儿的要求，以便改进业务"。1996年原国家教委颁布的《幼儿园工作规程》中提出"幼儿园应主动与幼儿家庭配合，帮助家长创设良好的家庭教育，向家长宣传科学保育、教育幼儿的知识，共同担负教育幼儿的任务"。2001年教育部颁布的《幼儿园教育指导纲要试行》巾指出"幼儿园应与家庭、社会密切合作，与小学衔接，综合利用各种教育资源，共同为幼儿的发展创造有利条件。"以及"家庭是幼儿园重要的合作伙伴，应本着尊重、平等、合作的原则，争取家长的理解、支持和主动参与，并积极支持、帮助家长提高教育能力"等。这些观点的提出，充分强调了幼儿园与家庭合作的必要性和现实性。

第三、家园合作也是世界学前教育发展的趋势。世界学前教育发达国家都倡导幼儿园要重视使用家庭和社区的资源，以丰富、加深儿童对自己，对他人和社会的认知。美国《0-8岁儿童适应性教育方案》中强调了幼儿园要充分利用家庭资源对儿童进行教育，促进儿童在体力、认知、情感、社会性、语言、审美等方面的最佳发展。国际教育组织也呼吁要关注儿童的社会学习，加强幼儿园与家庭、社区的紧密配合。联合国教科文组织在重新界定教育的使命时指出，为了实现世界公民目标"不能再只是强调认知学习，还要强调情感和行为学习"，最后，家园合作改善幼儿园家园合作现状，促进幼儿园教育质量提高家园合作。既不是传统意义上的"家长工作"，也不是一方为主的"配合"，而是两个同样肩负着人生启蒙教育重任的社会组织及其成员之间的携手。首先、家庭和幼儿园是幼儿生活、学习的主要场所，幼儿的发展可以说是整合从两种场所获得的学习经验的结果。家园合作可以使来自两方面的学习经验更具有一致性、连续性、互补性，一方面幼儿在圆获得的经验能够在家庭中得到延续、巩固和发展，另一方面，幼儿在家庭获得的经验能够在幼儿园学习过程中得到运用、扩展和提升。其次、家园合作，家长与教师之间建立密切的伙伴关系，能够有效地促进儿童情绪和社会性的发展，会使儿童感受到支持，获得安全感、幸福感，提升儿童的自尊心，增强儿童的自信心，与朋友的交往程度及其对人生的乐观态度，学会一种参与生活的积极态度。第三、"教育是一种通过共同探索而进行的社群活动和文化分享"。家园合作为教师和家长、家长与家长提供了一个交流和经验共享的平台，家长可以分享幼儿教师先进的教育观念、教育技能和教育经验，教师也可以从家长那里获得更多有关儿童的有效信息，了解家长对教育的理解和期望，并从他们所拥有的专业知识和工作经验中获得帮助。

幼儿园事实上变成了一个成长的"继续教育学院"每个人既是学习者，又是教育者。是不同文化和社会背景的人之间的对话，是不同思想的碰撞，不同智慧的结合，是一种相互的交流和分享。但是，在幼儿园教育实践巾，家庭和幼儿园却存在着一些教育价值观的不一致和教育要求方面的矛盾，需要协调，家园合作的过程首先足一'个价值协商和价值协调的过程。家园合作"并非新话题，幼儿同一直比较重视"家长工作"以及与家庭的"联系"和"配合"。但仔细分析起来，这种家园合作多多少少带有"幼儿园中心主义"的倾向。因此，幼儿园虽然进行了家园合作，但存在诸多问题，家长工作往往变成了"教育家长"，配合变成支配，联系变成了单向的"信息输出"。因此，对幼儿园家园合作现状，分析存在的问题，并提出改善家园合作质量的建议，使幼儿园家园合作发挥最大的效益，以促进武都区幼儿全面和谐的发展。

一、家园合力，成就幸福童年

当前幼儿园与家庭在幼儿教育中的重要性正逐渐被人们所认可，幼儿园也正实践着家长工作，很多幼儿园的家长工作已经很成熟很规范并常态化运行，今天我来谈谈我们幼儿园的家长工作，希望能够碰撞出新的火花。

（一）家园合作的一般概述

1. 家园合作的内涵

所谓家园合作是指幼儿园和家庭（含社区）都把自己当作促进儿童发展的主体，双方积极主动的相互了解、相互支持，通过幼儿园与家庭的双向互动共同促进儿童的身心发展。

2. 家园合作所面临的形势

(1)家长空前重视幼儿教育，大部分家长在"照着书养孩子"，从备孕开始，就做各种科学育儿的储备，所以他把孩子送到幼儿园，并不是想着"我把孩子交给你了，幼儿园就是权威了"，而是时常会拿着书本、拿着他所掌握的理论来对照你对他孩子的教育正不正确。这就对我们的专业程度提出了更高的挑战。

(2)幼儿园与家庭的教育观念不同，在某些方面难以达成共识。家园合作中双方地位的不对等，表现为教师指令性要求过多，原因目的表述不具体，较少考虑家长的需要和想法，使家长处在被动的地位，容易引起误会。

(3)碎片化的合作或流于形式的合作现象。

（二）家园合作的重要性

1. 幼儿园与家庭的教育优势互补，有利于教育资源的充分利用

伟大的教育家陈鹤琴先生曾经说过："幼稚教育是一件很复杂的事情，不是

家庭一方面可以单独胜任的，也不是幼稚园一方面单独胜任的，必定要两方面共同合作方能得到充分的功效。"20世纪70年代，美国就提出了"家庭开端计划"，该方案是在家庭中为儿童及其家长服务的，也就是说家长既是方案的实施者，又是方案实施的对象；意大利的瑞吉欧教育体系中，家庭社区所起的作用也是显而易见的，甚至可以说，整个瑞吉欧教育体系就是一个由幼儿园、家庭、社区共同组成的教育社会。在其中幼儿园、家庭、社区作为一个部门，都把对幼儿的教育作为自己的一项日常工作做，以孩子为中心，相互信任，密切合作，协调工作，儿童教育成了社区的一部分。

2. 家园合作是幼儿健康成长的需要

在幼儿期，幼儿生存、生活的地方，就是对幼儿的成长产生重要影响的地方，也就是教育幼儿的地方。家庭、幼儿园、社区都会对幼儿的成长产生影响，在幼儿的成长过程中起到不同的作用。因此，幼儿园教育不是完全意义上的幼儿教育，幼儿园只是幼儿教育的一种较为普遍的专门的教育机构，除此之外，对于幼儿来说，家庭也是重要的教育机构，因此家庭和幼儿园应建立一种合作、和谐、互补的关系，对幼儿的成长起到同步、同育、同构的作用，儿童教育也就必须从儿童在这种特定的环境中所经历的活动、承担的角色及建立的人际关系出发，协调相关的社会群体的力量，共同促进儿童的发展。

3. 《幼儿园教育指导纲要》指出：家庭是幼儿园重要的合作伙伴。

应本着平等、尊重、合作的原则争取家长的理解、支持，主动参与并积极支持、帮助家长提高教育能力。"充分利用自然资源和社区的教育资源，扩展幼儿学习和生活的空间。"

二、开门办园 促进家园合作

近年来，我园的家园共育工作始终以"家园两翼有效合作，成就幼儿幸福童年"为目标，努力寻求与家长的有效沟通与合作，创新"家园共育"机制，深化共育内涵，成立由家长委员会指导下的家长志愿者团队，指导家长更广泛的参与幼儿园课程建设和内部管理，提升幼儿园办园水平。

（一）优化管理机制，确保志愿者队伍持续稳定

1. 家长志愿者队伍的组建与保障

家长志愿者队伍是由自愿承担社会责任、无偿提供适合幼儿园发展和幼儿园工作需要的服务，能够以积极、热情的心态参与幼儿园教育的家长组成。每年9月份幼儿园通过宣传、倡议、招募等方式组建队伍。

为维护队伍的持续稳定与活动的有效性，幼儿园采取了一系列保障措施。一是通过全园家长会公布志愿者名单，在班级中展示、亮相并颁发任期证书，让全体家长认识、走近他们，通过这种"仪式感"，让他们获得荣誉感。二是通过座谈、交流，了解志愿者们的心声，设立"群策群力"家长信箱，让他们有被认同感。三是提供单独的办公场所、必备的办公设备用品，为开展活动提供便利条件，让他们获得平等感。四是成立家长志愿者微信群，在平台内进行经验交流、畅谈感想、公布信息。五是开通家长志愿者热线电话，加强家长与志愿者们的沟通；六是建立图书角，投放有关的教育书籍和杂志供大家学习交流。七是评优树先，通过期末优秀志愿者评选表彰，鼓舞家长参与热情，提高志愿者工作热情与效率。

2.情感引导、科学调度，激发志愿者队伍的内驱力

为充分发挥志愿者们的激情和热心，幼儿园坚持规范化、个性化运作，制定了家长志愿者管理制度，重视组织的形象建设与管理。在活动的组织上，实行动态的、灵活的管理，根据课程建设及管理需求，将家长委员会成员按照其专长分布到伙委会、课委会、安委会，家长志愿者按不同性质分为若干个活动小组由相应的委员会进行管理。如"资源利用及环创组""特色教学工作组""大型活动策划组"由课委会进行管理，"食谱制定""帮厨"由伙委会管理，"安全协管员"与"隐患排查员"由安委会管理。各小组根据幼儿园活动计划定期开展活动，让家长根据自己的行业特点和优势自主选择项目组，以主人翁的态度投入到幼儿园教育教学、校园环境建设等各项工作中。为确保每个小组的工作纪律和效率，每次活动前都要进行集中培训，明确活动目的及方式。规范、有效、人性化的管理机制，让家长志愿者们在节日活动策划、主题下的园外实践、"爸爸妈妈进课堂""安全协管"等活动中，参与场面火爆，但秩序井然、反响极好。

（二）全方位开放，让家长走进幼儿园的每一个环节

家长委员会指导下的"家长志愿者行动"，让家长全程、全员参与幼儿园的课程建设和管理。通过家长助教、主题下园外实践活动、活动评析、家长进食堂、社团活动、家长驻园办公等，充分吸收了家长的教育、管理智慧。家长的广泛参与，完善了幼儿园的管理，让每一个环节经得起家长的研究和琢磨。开放的办园理念，丰富了幼儿园的活动内容。

1.发挥家长资源优势，丰富幼儿一日活动内容

为拓展课程资源，提高幼儿一日生活质量，我们充分发挥家长志愿者的资源优势，引导他们参与课程的建设与实施，为幼儿园的课程改革注入了新的活力。

为充分发挥团队成员不同的职业资源优势，幼儿园每学年初成立"客座教

师"团队，将"家长进课堂"作为主题下的常规活动来开展。各行各业的家长根据主题活动的需要积极参与、主动走进课堂，充分发挥自己的教育智慧，积极参与，精心策划。教学活动内容形式各样，有语言活动、艺术活动、手工制作、健康教育等等。"家长老师"们充分的课前准备、生动投入地讲课，热情地与小朋友互动、游戏，让孩子们体验到了不同于老师日常教育风格的课程。

"家长进课堂"拓展了幼儿园课程，弥补园内资源的不足，更融洽了家长和幼儿之间的亲子关系。同时为家长提供了展现自己的平台，树立并传播了正确的教育观念，成就了一批优秀的"家长老师"。

2.牵手做研究，让家长成为"专家型的"好帮手

为克服家长在参与活动中出现的盲目性和任务性，幼儿园在主题教研活动中引导志愿者全程参与。在参与过程中，通过让家长看活动组织、听活动评析、自己动手组织的过程中接受、内化、运用正确的教育理念，形成科学的教育观，学会正确的教育方法。例如，在"爸爸进课堂"的组织过程中，我们先展示几节优秀的教育活动，让"爸爸志愿者们"来听课，听完课之后，把我们的听评课记录展示给他们，然后让他们参与教研组的评课。通过以上两环节，让家长们知道一节教育活动应该有哪些教育目标、这些目标该怎样落实，在落实的过程中可采用哪些教育方法等等。有位家长在第一次参加我们评课之后发表了这样的感慨："本来觉得咱们老师组织这个活动挺完美的，从老师与孩子的交流、教具的设计、问题的提出，都觉得孩子那么兴奋，教学效果也很好。没想到咱们从专业的角度一评，还存在这么多问题，看来我们的确应多到幼儿园来学习"。接下来，教师协助家长准备教案、反复切磋，研究教学具，最终打磨好之后再让家长试讲，以确保家长呈现给给孩子的东西是科学、合理、乐于接受的。例如医生助教团在中班主题活动《我会做了》中，提供了健康活动《爱护牙齿》并亲自执教，

经过打磨之后的活动中夸张的大牙齿教具与医生扮演的牙齿与助手扮演的虫子的互动，非常直观的让孩子领会了保护牙齿的重要性，学会并能坚持正确刷牙，孩子们对家长上课的方式产生极大的兴趣，争相提出了很多疑问，目标达成非常好。

3. 多角度吸收家长意见，让课程实施更加科学

幼儿园通过让志愿者参与主题活动、半日开放、教育活动观摩研讨等多种形式的家园互动，充分了解家长对幼儿园课程的认识、参与程度及关于课程实施各环节的意见与建议，并适当的予以采纳。例如在大班九月份主题活动《我是中国人》实施之前，有家长提议调到国庆节后再开展，九月底先做个预热、布置任务。理由是国庆节期间，有家长会带孩子到北京看升旗仪式或其它地方旅游，或者在电视新闻、网络中都会有关于国庆的信息。孩子会带着任务在国庆期间关注各种消息、参加各种活动，获得了丰富的前期经验。这也与《指南》中提出的"理解支持孩子的学习方式"相吻合，通过论证之后，我们进行了调整。果然，在节后开展的活动中，孩子们的信息量非常大，信息渠道也特别多，拓展了活动区内容。

4. 精彩纷呈的社团活动 让每个孩子张扬个性

为贯彻落实《3-6岁儿童学习与发展指南》精神，丰富幼儿园课程资源，拓展园本课程内容，发现并培养幼儿多种兴趣，幼儿园立足本园实际，充分引入家长资源及社会资源担任客座讲师，组织开展丰富多彩的社团活动，为幼儿园课程注入了新的活力。4月份，幼儿园根据各年龄段幼儿身心发展特点及兴趣爱好、特长等为幼儿精心打造了舞蹈、美工、棋类、足球、轮滑等16个社团。活动前家委会成员、教师进行了系列研讨、论证。为确保活动质量及持续性，幼儿园与家长客座讲师签订了协议，确定于每周四分级部开展社团活动，充分利用园舍场地和设

备，幼儿园给每个社团配一名配班教师，配合客座讲师做好课程内容的审议及课前环境、材料的准备，提高社团活动的有效性。

社团活动充分尊重幼儿自主选择和个性发展的需求，活动开始前，由各班级制定宣传海报，让幼儿、家长明确活动的安排、要求，并充分酝酿、自主报名。

社团活动得到了家长和幼儿的广泛认可，拓展了幼儿活动空间。

（三）放权家委会，让家长决策落到实处

"家长委员会"是幼儿园与家长的纽带，是一支自动、自主的"接力棒式"的组织，在他们的"穿针引线"作用下，使得家园共育活动开展得生机勃勃，极具感染力。

1. 家委会组织下的外出实践活动

家园、社区工作是幼儿园教育的重要组成部分。幼儿园给予老师和家长充分的策划空间，充分利用社区资源开展丰富多彩的家长社区活动，形成家园共融、百花齐放的活动氛围。

在主题活动《美丽的秋天》实施过程中，各班、各级部家委会纷纷提出申请，由家委会牵头、志愿者参与、班级（级部）把关，组织孩子们越过幼儿园围墙、走进秋天的园外实践活动，分别开展了走进大珠山、农家庄园的赏秋·采摘活动，走进藏马山、小珠山野生动物园、西海岸生态园、香博园亲子游活动、参观圣元奶粉以及走进田野"挖地瓜"等系列活动。活动过程中，教师们作为参谋者对活动进行了跟进、指导，家长们无论是作为组织者还是参与者，都表现出了高度的责任心，对活动的引导和调控逐渐展示出了教育的专业性。家委会助力下的主题活动，也让幼儿园的课程内容更加丰富多彩。

为了让外出活动的价值得到延续，老师们结合课程主题针对实践活动进行了深入的探讨，涌现出了一批有心、用心的教师对外出实践活动进行了深入的挖掘，回园后开展了一系列的延伸活动，有中二班的瓜枣制作系列活动、大三的瓜干制作系列活动、大四班的地瓜拍卖系列活动，活动后孩子们对自己的成果与老师、父母、朋友进行了分享，一系列的活动不仅丰富了孩子们的知识、锻炼了孩子们的技能，更重要的是让孩子们的情感得到了升华。

2. 节日环境的策划与创设

家委会委员们为了给老师腾出更多的时间来照顾孩子，在传统节日到来的前夕他们便自发的聚在一起，根据班级课程的安排，商讨如何创设适合孩子们的节日环境，都需要什么样的材料等等，在班级家委会主任的牵头下，利用休息时间组织到班级统一行动，给孩子们创设了节日的氛围，带去节日的欢乐！

3. 家长帮厨改进膳食

为提升幼儿园饭菜质量，为幼儿提供营养、丰富的花样饮食，幼儿园膳食在保证营养的基础上，从色、香、味、形等方面着手，面向全园家长进行了"更新食谱志愿者"招募活动，参与幼儿园食谱制定、更新，定期为幼儿园提供面食、菜品等新花样及制作方法。

邀请心灵手巧、身体健康、有时间、愿意参加幼儿园活动的12名帮厨志愿者参与幼儿园的花样面点制作，组织他们统一体检，配备了全套的工作服，参与幼儿园的花样面食制作。

志愿者们的参与对幼儿园的膳食起到了督促与帮衬作用，有了家长们的参与，幼儿园的膳食更加丰富、有营养。

4. 齐心协力，共筑幼儿园安全防线

幼儿安全是社会、幼儿园和家长共同关注的重要话题，为此，幼儿园组建了家长志愿者"安全协管员"队伍，一批有爱心、有责任心的家长无偿加入到队伍当中，无论是在大型外出还是在幼儿的离园活动中，安全志愿者们都能主动为幼儿保驾护航，为活动的有序开展起到了有力的安全保障。

幼儿的离园活动存在很大的安全隐患，我们在尊重家长意愿、结合家长的空余时间，将安全志愿者进行了科学排班，每天有三名志愿者佩戴"安全协管员"袖章协助幼儿园值日老师、保安一起维护幼儿离园秩序，并随时关注校园周边环境的安全，制止不文明行为，引导家长按秩序停车接孩子等等，为孩子的安全离园提供了保障。志愿者们的担当与尽责，加强了幼儿园的安保工作。

安全协管员们除了每天的离园护送，他们每月组织一次巡视检查幼儿园设施设备、房屋场地、大型玩具、幼儿桌椅、消防设施等，多角度对幼儿园的安全隐患进行排查、整改，进一步确保了幼儿生活活动场所的安全。

（四）体验式亲子活动，在长幼互动中收获、感悟

1. 抓住重要节日，开展系列亲子活动

幼儿园根据主题进展情况，及时抓住重要节日及季节变换等时机，选准主题，丰富活动内容，开展了一系列家园亲子教育活动。在三八节、母亲节期间，开展"对妈妈说悄悄话"、"为妈妈做一件事"、"给妈妈送一件自制礼物"、"和妈妈一起游戏"等多种形式的活动；在庆祝六一儿童节时，邀请家长和孩子们一同"沙滩亲子游"；庆元旦"亲子同乐会"等，在一系列的活动中孩子们和家长收获了双倍的欢乐，增进了彼此的感情。

在欢乐中秋、端午节的主题活动中，各班邀请爷爷、奶奶爸爸、妈妈和孩子们一起做月饼、包粽子等，孩子们在体验制作的过程中，尝试了制作的技能，感受到了自己动手收获成功的喜悦。在互换观赏、品尝中体验了与同伴分享的快乐，加深了对中华民俗文化的认识，体验到了节日的喜庆和甜蜜，进一步感悟到老一辈对传统文化的敬畏。

2. 亲子故事表演，让孩子的表演更具特色

创意故事表演是我园申报的省重点教育科学课题，在课题的研究过程当中，

这支志愿者团队也让幼儿表演游戏的研究与开展充满了无限的生机。表演中家长们最为关注的是自家孩子在表演游戏中的角色与表现，以及参与的机会和频率，有的家长为给自己孩子争取"当主角"的机会，提出了角色互换与表演形式互换，让更多的孩子体验到不同的角色特点。鉴于家长越来越浓的兴趣与越来越专业的提议，我们邀请家长参与扮演角色，动员具有童心、能够和孩子打成一片的家长带着孩子一起创造性的改编和表演，把有表演天赋、语言表情夸张的家长吸引到我园童话剧剧团来，通过"小剧场"共同参与故事的表演。家长们的参与让孩子表现得更富有热情了，自信心更足了，个性化更突出了。尤其让起初不愿意、不能够主动表演的孩子也都积极参与到表演中来。

（五）普及理念、激励表彰、营造氛围，提升志愿者的自身价值感

通过幼儿园网站、"七彩桥"园报、青岛市学前教育网、区教育信息网等各种渠道大力宣传志愿者服务精神、服务内容和做法，展示各种活动场景，营造了良好的团队氛围，提升了家长志愿者参与活动的积极性。同时开展形式多样的家长志愿者交流活动，通过网络分享工作中的点滴得失、上传照片以及自己的教子心得，发表志愿者活动日记，将优秀的活动感想及时刊发在园报中。小小的网站、"七彩桥"园报成了家长们的"精神家园"，家长们对家长志愿者及其活动有了更深入的了解和认可，激发了更多的家长参与到志愿者队伍当中来。

在开展家长志愿者活动的过程中，每学期末我们都会组织开展优秀家长志愿者评选活动，如：优秀家委会委员、优秀志愿者、助教好家长、感动实小十大家长等等，保持了志愿者们旺盛的士气和高昂的积极性。

几年来，我园的家园共育在"家长志愿者"团队的带动下，由原来的拽着家长参与，变为家长主动参与；由完任务式的参与，变为判断性的、有选择的参与。他们始终活跃在幼儿一日生活中、课程实施过程中、幼儿园发展决策中、基础建

设中。这支团队不只是幼儿园活动的辅助者、执行者,在家长工作层面,他们是家长教育理念的引领者、教育方法的培训者;在幼儿园课程实施过程中,他们运用自己的专业特长、职业优势组织教育活动、参与评课,为一日活动的开展提供教具、材料;在大型社区活动中,他们出谋划策、主动协调、积极组织。幼儿园用开放的胸怀和科学的管理把家长变成幼儿健康成长的优秀伙伴、幼儿园发展的生力军,他们的激情和优势成为幼儿园课程的重要资源,这一资源的有效利用让我园的各项工作如虎添翼。

志愿者活动的开展,宛如幼儿园一道美丽的风景线。我们相信开发和利用好来自家长的教育资源,将为现代化的幼儿园治理注入活力。

三、利用接送时间,增进沟通

每天幼儿离园时,是热闹非凡,各种声音混合在一起,仿佛在奏着一曲交响乐,教师要在这嘈杂短暂的时间内把自己班上的每一位孩子交给他们的家长,真不是件易事。仔细算来,老师给每个家长的时间不到一分钟,时间虽短,但这时却是教师直接接触家长,与家长沟通的好时机。怎样利用这短暂的接送时间与家长沟通?我在此谈几点自己的看法。

(一)采用多种形式与家长沟通

1. 简短谈话

家长工作都非常忙,接送孩子时来去匆匆,上午送孩子怕耽误上班时间,下午几十个家长又几乎在同一时间出现,这就决定了老师与家长谈话的时间不可能长篇大论,只能采用简短谈话的形式与家长沟通。如对在认字、写字、计算方面对孩子要求过高的家长,老师要向他们解释幼儿的年龄特点,告诉他们过多、过急的要求会导致孩子产生畏难情绪，丧失自信心。如果几个家长都有同一种思想，教师可同时向几个家长一起说。一般谈话时间不超过5分钟。当家长有不同的看法时，教师应事先有计划，列出具体谈话内容，然后再分时间、分批向他们宣讲科学的育儿方法。

2. 便条、短信

有时简短谈话并不能达到家园沟通的目的。此时，教师可采取便条、短信的形式与家长沟通。如教师可把幼儿在园的表现及要求家长配合做的工作以短信的形式写出来，放入专用的家园联系袋中。家长也可随时将自己的想法、经验、建议写成便条、短信放入布袋中，反馈给教师，教师再对家长反馈的意见进行思考，与家长交流，力求保持家园教育的一致性。同时可以把家长好的育儿经验复印下来，让家长进行相互交流。当然，教师提供给家长一些具体适用的指导是很重要的。如针对幼儿不爱收拾玩具、图书等，教师可向家长提出一些具体的建议，如在家里给幼儿设立专门放玩具、图书、食品的抽屉或箱盒，给孩子留一方活动的小天地，以便他取放自己的东西，从而培养孩子管理物品的能力；又如给爱画画、做手工的孩子准备一块任其画、贴的黑板或墙面，以满足孩子的兴趣。这样，家长与老师的距离拉近了，老师、家长可以畅所欲言，更加增进教师与家长的情感交流，使家长对老师更加理解、尊重和信任。

（二）掌握与家长沟通的技巧

1. 善倾听，巧引导

在沟通的过程中，教师要善于倾听家长的叙述，不要随便打断、反对家长说话。当家长说完后，教师再进行巧妙的引导。如有些家长反映自己的孩子在来去幼儿园的路上总是喜欢买零食吃，最多一天可花掉13元。老师在听完家长的这番谈话后，可对家长提出如下建议：

一是要求家长每天严格控制自己孩子零花钱的数量，很诚恳地向自己的孩子表明爸爸妈妈挣钱的不易，使孩子产生一种情感上的认同感，让孩子自觉养成节约的好习惯；

二是查阅有关资料，给孩子讲一些勤俭节约方面的故事；

三是告诉孩子买零食吃的危害性，如一些零食不卫生，吃了会生病等等。为了配合家长的教育，教师在幼儿园也可开展相应的一些活动，以克服幼儿吃零食的毛病，强化家庭教育的功效。

2. 讲究说话的艺术性

首先，教师与家长谈话态度要热情，特别是对那些难以接近的家长，说话时眼睛要望着家长，有诚意，让家长感到自己是受老师尊重和被老师接受的。

其次，老师说话应幽默风趣，因为这样有利于与家长、幼儿之间的沟通。如在一次离园时，我园中班的一名孩子一边画画一边等自己的家长来接。家长来时，儿子指着画对爸爸说："爸爸，你好像我画的这只熊猫。"这位家长听后，表情十分尴尬。我忙笑着说，熊猫也是蛮可爱的。听我这么一说，孩子、家长都笑了起来。可见，有时讲话注意一些艺术性既有利于给家长创造一个和谐轻松的环境，也有利于培养孩子乐观的性格。

第三，教师要力争多学习几种方言甚至民族语言，因为我们沟通的对象是家长，家长来自五湖四海，如果我们教师能用一些他们熟悉的语言与他们交谈，家长们会感到谈话的气氛更加亲切自然，这样更便于与家长达成共识。

3. 切忌"告状"式的谈话方法

这样会让家长误认为老师不喜欢甚至是讨厌自己的孩子，从而觉得自己的孩子在班里会受到不公正待遇而产生抵制情绪。要让家长相信我们，尊重并听取我们的意见，要让家长感到教师在关注自己孩子的成长和进步，感到老师比他们更深入地了解孩子。同时，要抓住时机向家长了解孩子的情况，以请教的态度耐心的听取家长的意见，使家长产生信任感，从而乐意与教师进行充分的交流，以达到预期的目的。

四、发挥家长资源优势，形成改革合力

随着幼儿园课程改革的不断深入，家庭在幼儿教育中的作用日益被认同，家长被认为是参与幼儿园课程改革的重要因素之一。中央教科所王化敏教授曾讲：应把家长原有的知识、教育孩子的爱心和技能、对幼儿园教育的关心作为宝贵资源，吸引他们参与，使家长成为课程改革的主体之一。《纲要》也提出：幼儿园应与家庭、社区密切合作，综合利用各种资源，共同为幼儿的发展创造条件。"由此可见，家长参与课改责无旁贷。目前，许多幼儿园已经在尝试着吸引家长参与到幼儿园的教育教学活动中来，我园也在此方面做了一点尝试，下面结合我们的实践谈几点粗浅的做法：

（一）多措并举，引导家长树立课改意识

1.实况展示，让家长走近课改

家长都非常关心孩子在幼儿园的活动情况，也较关注幼儿园的课程设置，他们对于幼儿园组织的各项活动都饶有兴趣。为此，我们通过每月一次小型展示会的方式让家长了解我们的课程。展出的内容主要有两个版块，一是活动展示，二是资料展示。其中"活动展示"的内容主要是教师组织的优秀教育活动实例；展出的资料主要有活动计划、课程方案、优秀活动案例、用照片及录相等方式记录的幼儿活动情况等。每一个版块的开始部分由专人向家长介绍展示活动的意图及近期目标和具体活动安排，并发放调查问卷，请家长带着问题有目的的去看。在

活动的中间环节，进行随机讲解，随时解决家长的疑惑。例如：在探索活动《好玩的纸》的组织过程中，一些家长提出：纸有什么好探索的，幼儿园为什么要安排这样的活动？解说老师及时向家长解释该活动的意图：这是让孩子在探究的过程中了解纸的种类，纸的属性及纸的多种玩法，培养幼儿的创新精神。听了教师的讲解，家长开始认真地观察孩子的活动。在活动中，他们亲身感受和体验到了孩子们对问题的执着、参与操作的浓厚的兴趣、进行探索的强烈的欲望和不倦的创新精神。活动结束后，家长颇有感触地说："原来是这么回事。"在每次活动中家长都表现出极高的兴趣，展示的内容成了他们争论的焦点。随着这项活动的开展，家长对幼儿园的课程有了初步的了解。

2.问卷交流，让课改贴近家长需求

为吸引家长参与课改，我们采用家长喜欢的方式进行点拨，拉近家长与我们的距离，使家长愿意与我们亲近，愿意抛出自己的问题。我们通过家长问卷、家长座谈、家长接送孩子时的"快餐式"交流等方式摸清了家长的需求。如在问卷中设计到了以下内容：

（1）在教育孩子方面，你感到最困惑的是什么？

（2）为当好家长，您想学习哪方面的知识？

（3）什么样的玩具才是最好的玩具？

（4）怎样学习才是最有效的学习？

（5）您怎样看待幼儿园组织的活动？

（6）您的兴趣与特长是什么？

许多家长反馈回这样的信息：

（1）幼儿园的课程太随便，没有小学的课程正规；

（2）最想学习的知识是怎样教育孩子；

(3)愿意跟踪教师的课堂教学，观察自己的孩子。根据这些信息，我们制定了详细的家长培训计划与家长活动计划。

（二）组织培训，打造家长课改理论

家长普遍匮乏幼教和课改理论。为保证课改质量，我们对家长进行了必要的理论培训。为避免培训枯燥，并尽快帮助家长将理论内化提升为新的教育理念，我们本着"家长需要什么就提供什么，能学会什么就教什么，能怎样接受就怎样培训"的原则，引导家长主动学习，自主探究。

一是培训内容贴近教育实际问题。我们通过家长日志、座谈等方式，了解家长感到困惑和急需解决的热点问题，组织教师和家长进行辩论，在论证问题的同时进行理论培训。例如：有位家长提出，在主题活动开展之前的知识预备过程中，孩子提出一些比较深刻的问题，我们是当场告诉他呢还是留在活动中慢慢解决？我们没有直接做出回答，而是在家长沙龙中，组织部分教师和家长进行座谈，各抒己见，并有针对性地组织家长观摩一些活动，让家长明确孩子是在自主探究中进行学习的。这种培训方式避免了盲目性。使培训的内容在体现一个"实"的同时，更体现以家长为本的理念。

二是培训方式多样化。（1）召开经验交流会、作品展析会，让家长分享经验。例如，幼儿档案袋的建立，许多家长不知道自己该做些什么，如何去记录幼儿的行为表现，针对这些问题，我们精心选择了一些好的档案袋进行展出，让家长介绍档案袋建立的经验，通过实际观看和现场交流，其他家长们获得了新的信息。（2）外出参观、信息交流、书籍借阅，让家长获得新的幼教信息，了解最新的幼教动向。（3）家长带家长，教师带家长，孩子带家长的互动式培训。在更新观念和提高家长育儿水平上起到了意想不到的良好效果，例如家长间的互动，通过"结对子""互助组"的方式，发挥一些家长的职业专长，或请一些有育儿经验的家长现身说法，以家长教育家长，家长带动家长，在培训方式上集中突出了一个"活"字。

（三）营造氛围，搭建家长参与课改的舞台

《纲要》倡导在家园合作中实现教师与家长的共同成长，在对参与研究的家长的情况进行了认真分析之后，我们发现，每位家长的知识素养、世界观、儿童观不同。因此我们采取了"典型培养"、"分层要求"的方法，突出参与研究的家长的个性和特点，发挥优势。

1. 低起点引入，激发家长参与课改的兴趣

当家长对幼儿园课程和课改理论有了了解，对"课改"不再感到茫然时，我们则从简单的问题入手，本着"目标低一些、题目小一些、组织工作细一些"的原则，让家长做一些力所能及的事，用赏识的目光看待家长的参与，以此引发家长的成就感，激励家长参与课改。对于家长提出的建设性意见和在幼儿园课改中做出突出成绩的家长，我们及时肯定，并注意了经验的推广。例如，在园本课程的完善与修改中，我们通过一些联系表格、家长指导语等，鼓励家长搜集一些民间游戏、本地区的风土人情、节日庆祝方式的资料及一些优秀的儿童读物、幼儿教材等，充实到课程中来。再如，在日常教育教学活动中，我们把一些主题教育活动的目的、要求提前告知家长，家长就会带幼儿一起收集信息、整理信息，完成知识的预备及经验的积累，为教师开展教育活动作好铺垫。随着这些活动的开展，家长的目标逐渐明确了，参与的兴趣也随之增强。

2. 发挥典型带动作用，吸引家长共同参与课改

骨干型家长、特色型家长的典型作用是课改的重要动力之一。因此，我们通过举办家长搜集的资料展示、家长组织活动观摩、教子有方经验评选与交流，"怎样做一个新时代的家长"演讲比赛等系列活动以及家长平时对幼儿园工作的

支持程度，定期评选"最热心的家长"、"最善于学习的家长"、"为课改提供信息最多的家长"，充分调动家长的参与积极性，并发挥家长的典型效应，通过家长沙龙、家长才艺展现等方式展示他们的成果，或通过家教小报、宣传栏介绍他们的有创意的作法，充分发挥模范带头作用、辐射作用，带动其他家长共同前进。有一句话叫"用短，短不短；用长，长更长。"我们充分利用家长的闪光点，用其所长，为课改所用。

（四）发挥家长的特长优势，让家长设计、参与孩子活动

不同职业、不同阅历的家长既可成为幼儿园丰富的教育资源，又可以为幼儿教育提供多种支持和帮助。我园主动请有某种职业专长的家长走进幼儿园，担当孩子的"老师"。如请当兵的爸爸来园讲述解放军的故事和自我保护的知识，请孩子的奶奶来园教幼儿剪纸；让热情的家长参与策划组织班级幼儿到社区或野外参观游览活动，让农民家长带领孩子到田野去参与农村劳动，亲近大自然；让积极的家长带领孩子参加亲子园活动，发动家长作为志愿者，参与我园组织的家教指导小组。这些活动不仅能利用家长的专长为幼儿园课改服务，而且使家长得到了锻炼，更贴近了课改。

（五）发挥家长的决策作用，提高课改实效

我们十分珍视家长们取得的研究成果。对于他们的每一项设计建议，我们都积极评价，认真分析，充分利用。对于知识面比较高，又热心教育的家长，我们便吸纳到幼儿园的课程编委会，参与制定幼儿园的课程计划、教育教学计划的讨论制定与实施，发挥他们在幼儿园课程管理中的决策作用。参与课改的家长，以贴近幼儿生活的独特视角，构思课程，为课改注入了创新的活力。例如，我们制定社区活动计划时，一些家长就提出，我们在争取社区为幼儿园服务的同时，是不是也该让孩子们走进社区，尽孩子们的微薄之力，为社区民众做点什么，如宣

传一些公益广告等等。我们及时采纳了这个建议，重新调整了活动计划。

基于上述教师和家长在家园合作中的实践，收获与体会：

（一）新理念替代旧观念

家长的教育观念有了明显的转变，从"今天老师教了你什么"变为"今天你们做了些什么？"从"只依靠读物辅导孩子"到"利用一日活动每一个环节去引导孩子"，从"教育行为只在幼儿园发生"到"家庭社区的影响同样重要"。由此看出，家长正确的教育观、儿童观正在逐渐地形成。

（二）外行变成内行

以前家长们搜集的民间游戏，只能简单描述出游戏的方法，现在却能说出游戏的教育价值；以前搜集材料是盲目的、无目的的、被动的，现在却能按难易程度分类，并装订成册。除此之外，许多家长在参与活动的过程中，对幼儿园的课程方案提出有价值的调整意见。例如，有的家长提出十月份的主题"我的祖国"可以在大中小三个班同时进行，只不过把目标调整一下就行了，不必为了避免主题的重复而每班选一个主题。这样每个年龄的孩子都可以充分感受媒体的宣染、人们的庆祝方式及社会的宣传等，不致于造成资源浪费。另外，许多有心的家长记录了一些典型的个案分析，并精心制作了幼儿成长档案袋，积累了比较丰富的课程资料。

五、加强家园合作 搞好幼小衔接

儿童从幼儿园进入小学，意味着他们在成长过程中，向正规学习迈出了最初的一步。我国每年约有2100—2500万新生入小学，他们能否顺利地适应小学生活、我们应如何为他们做好入学前的准备等问题成为幼儿园和家长共同关注的话题。

一年级的老师可能有这样的体会：有的孩子学习成绩比较好，可是纪律不好管。在课堂上，他们会随心所欲的"串座位"，毫无顾忌的"交流"与"喧哗"，旁若无人的"嬉戏打闹"，还会跟老师撒撒娇……这种现象将持续一个学期左右。这是因为学校和幼儿园的教育体制的不同，造成孩子们在入学之初的诸多不适应。为什么会这样？幼儿园、家长在孩子们入学初该为他们做些什么呢？以下是几点做法。

（一）帮助家长树立正确的衔接观念

由于传统的教育观念与教养态度等多方面的偏差与不当，造成很多家长重视技能技巧的训练而忽视儿童的全面发展，重视短期成效而忽视幼儿的终身发展。无视儿童身心发展规律、特点和需要，拔苗助长，压抑儿童个性，影响健康成长。国家教育部基础教育司李天顺提出："近些年，广大家长对学前教育的重视程度不断提高，但普遍缺乏正确的教育观念和科学的引导，加上应试教育的影响和各种商业性宣传的误导，社会上信息不对称的问题越来越突出，很多家长牺牲了孩子快乐的童年生活，盲目追求"提前学习"、"超前教育"，不仅让幼儿伤在了起跑线上，也严重干扰了幼儿园的办园方向和正常的教育教学秩序"。

许多家长倾向于让孩子提前上学，抛去体制上的不允许，从幼儿发展的角度着想，必须立足于客观分析孩子身心发展的程度，综合评价其发展程度是否已经适应小学学习的要求。不能简单地强调孩子的身体有多高、认识了多少汉字、会做两位数的加减法等一些表面现象。或以一些个别成功案例作为典范和榜样，盲目攀比、不断施压。这样做有可能会使孩子因为承受过重的期望压力而对未来的学习热情和信心降低，从而覆盖了他的良好的学习心理的成长。因此，家长应该尊重孩子的成长发育规律，理解按年龄入学的意义所在，忌拔苗助长。

(二)提高孩子的社会适应能力

孩子离开家庭走向托儿所、幼儿园是第一次"社会性断奶",进入小学后则走向更加独立、更加丰富、更加多变的生活内容和生活天地,这是第二次"社会性断奶",这一次更重要、更困难。

第一,培养幼儿规则意识。形成良好的生活、学习习惯。我们可以通过日常生活活动,培养幼儿理解每个活动的规则,帮助幼儿掌握执行规则的能力,鼓励幼儿在活动中发现规则,主动遵守规则,理解没有规则带来的后果。

第二,培养幼儿的责任感。老师要引导幼儿认识任务的含义,意识到老师或成人信任你,才给你布置任务,培养幼儿乐意接受任务的意识,并且帮助他们在实践中学习并掌握完成任务的本领。

第三,培养幼儿的独立性和生活自理能力。要给幼儿锻炼的机会,让他们独立完成老师布置的力所能及的事情。同时,特别要注意培养幼儿的时间观念和劳动观念。请家长配合幼儿园的目标要求,培养幼儿做力所能及的家务劳动,如扫地、摘菜等。

第四、培养幼儿大胆与人交往的能力。教会幼儿从小事做起,如引导孩子学会谦虚、有礼貌、不大声喧哗、不与小伙伴抢玩具等。这些事情看起来很小,但却有利于创造友好合作的氛围,有利于增强孩子们的交往能力。家长们也应多让自己的孩子与不同年龄的孩子交往,多带孩子走出家门,广泛结交伙伴,让孩子成为一个乐于交往和善于交往的人。

(三)培养孩子的独立意识

幼儿园时期,因幼儿年龄小,老师和家长都对孩子呵护有加,孩子们所接受的教育是寓教于乐式在玩耍的过程中实现的,因此该阶段的孩子可能依赖性较强、独立性较差。而进入小学,学校的教育模式与幼儿园相比发生了质的变化,更多的事情要求孩子自己来完成，于是造成了孩子和家长诸多的不适应。

所以，要培养孩子的独立意识和责任感。家长要注重幼儿做事能力的培养，孩子自己能做的事情，就要大胆让孩子自己去做，家长可以通过布置一些任务加强孩子的这种意识，让他们自己每天整理书包、准备学习用具。在日常的教育、生活过程中，教师要始终注重引导幼儿自己的事情自己做，真正让孩子在学习中、在生活中体会到独立的乐趣，如老师每天给幼儿布置几件事情：给家里的花浇浇水、看一本书、讲一个故事等，使他们从中能够独享成功快乐的体验。

（四）合理膳食，养成良好的作息习惯

良好的身体素质是进行学习活动的基础。据调查，每年新生入学，对小学学习生活产生不适用的情况十分普遍，他们感到上课时间长、作业多，如果没有良好的身体素质作基础，在一定的程度上也有可能造成学习上的障碍。家长应从科学膳食、均衡营养的角度对将要入学的孩子予以生活照顾。特别是儿童的早餐问题，有些儿童在街边小摊吃的早餐即不卫生又不营养。如果儿童长期不能得到营养均衡的早餐，可能会产生注意力不集中、记忆力差、反应能力降低甚至脾气急躁等不良的身心反应，因而影响到正常的学习活动。这些反应在很多的时候往往会被家长简单的认为是孩子的学习习惯、行为习惯或个性特征等原因造成的，而很少考虑到科学膳食、均衡营养的重要性。

调整好幼儿生活规律也是提高身体素质的一个重要方面。家长应从开学前两周开始调整幼儿的作息时间。专家告诉我们，一般情况下可以早晨6点起床，晚上8点睡觉，总之至少要保证10小时的充足睡眠。中午，最好让幼儿有50分钟午睡时间。给幼儿建立稳定的作息制度，让幼儿有时间概念，按时起床、按时上幼儿园、回家时不在路上玩，努力向一年级靠拢。形成有张有弛的生活节奏。

(五) 提高幼儿对学习的兴趣

幼儿就要上小学了，家长会告诉孩子小学是学习的地方，要做作业，还会考试，要认真学习，不能还像在幼儿园时光想着玩了。这些都是对的，但是对于一个六七岁的孩子来说，培养学习的责任感还是早了一点，培养学习兴趣才是最首要的事情。

家长迫不及待地让孩子提前学习很多小学的课程，或送到学前培训班。一类是因为孩子比较淘气，难以管理，所以家长希望尽快让他们收心；另一类家长为了让孩子提前学习一些知识，早开发智力或减轻孩子上小学的负担。但往往淘气的孩子提前学习了一些小学的知识后，到了上学的时候会因重复学习对课程失去兴趣。而另一种学习知识比较多比较早的孩子，不利于孩子在小学初期阶段养成日后可能会受益终生的学习习惯和方法。因此，培养孩子的学习兴趣更有助于幼小衔接。

重视小学的环境创设。在幼儿将升入小学一年级的时候，布置一个充满童趣又能体现小学生学习环境的小天地，减少幼儿离开幼儿园的心里反差。教师可在墙壁上张贴一些画着学生课外活动的图片，时刻让幼儿有一种奋发向上的动力。同时家长和孩子一起参观小学，参加小学生上课，升国旗仪式等，引导幼儿和小学生进行交流，让幼儿看看小学生的作业展、文具盒、书包内学习用具的摆放等，从细处了解小学生生活。在家中家长和幼儿一起玩"老师与学生的游戏，强化孩子遵守课堂规则，重视并纠正由而读书、写字、绘画握笔姿势。使孩子愿意上学，做好准备，以积极的心态迎接小学生活的到来。

幼小衔接是孩子从幼儿园向小学过渡的一个重要的环节，重视这个环节的教育，帮助孩子顺利的从幼儿园向小学过渡，并较快、较好地顺应小学的学习生活，是每个教师、家长所共同期望的。家园配合，整合两者的教育优势是实现全面发展教育目标的关键，而做好幼小衔接教育是迈向这个目标的一个重要台阶，只有家园共同努力，才能真正促使孩子健康而全面的发展。

参考文献

[1]威廉·詹姆斯.宗教经验种种[M].北京:华夏出版社,2008.

[2]诺丁斯.始于家庭:关怀与社会政策[M].北京:教育科学出版社,2006.

[3]诺丁斯.教育哲学[M].北京:北京师范大学出版社,2008.

[4]张莉.幼儿独立性发展的家庭教育问题及指导[J].新课程,.2011(12).

[5]周兢,柳倩.我国贫困地区农村儿童早期发展与学前教育质量思考[J].幼儿教育教育科学版,2008(09).

[6]陈俊雅.不合群幼儿的家庭教育指导策略初探[J].早期教育教师版,2011(1).

[7]徐廷福.快乐学校诺丁斯对学生幸福的现实关照[J].教育导刊,2017(4).

[8]龙宝新.教育 为了幸福的事业———论诺丁斯的幸福教育观[J].基础教育,2012(4).

[9]刘次林.幸福教育论[M].北京:人民教育出版社,2003.

[10]内尔·诺丁斯.幸福与教育[M].北京:教育科学出版社,2009.

[11]张帅.内尔·诺丁斯幸福教育观述评[J].学理论,2010(4).

[12]李秉德.教学论[M].北京:人民教育出版社,2005.

[13]约翰·霍特.孩子为什么失败[M].北京:首都师范大学出版社,2010.

[14]陈蓓.创造幸福的学前教育[J].早期教育:教师版,2005(4).

[15]杨俊平.创造幸福的学前教育[J].中学课程辅导:教学研究,2016,10

(017):112-112.

[16]杜琼,曾瑛.幸福教育从课程建设开始——武汉市江汉区学前教育课程建设思路与实践[J].湖北教育:综合资讯,2017(7):48-49.

[17]梁蕾蕾.创造幸福的学前教育[J].新教育时代电子杂志（教师版）,2017(10):12.

[18]徐森林,赵益洪.合理看待三大教育,构建幸福教育体系[J].师资建设,2013(11):42.

[19]陈蓉.幸福教育的践行者——记玉林北流市幼儿园园长陈韵湖[J].广西教育(教育时政),2015(32):41-42.

[20]李建梅.幸福教育快乐教学[J].学前教育:幼教版,2012(9):54-55.

[21]徐廷福.在快乐中成长:幸福视角的学前教育质量观[J].教育导刊(下半月),2012(5):1.